今、見直さないと生命保険は「紙クズ」になる！

国際保険総合研究所　所長
三田村 京

SOGO HOREI PUBLISHING CO., LTD

プロローグ

「みっちゃん。今日、君も知っている田中先輩が会社に訪ねてきて『どうしても日本生命の保険に入ってくれ』って頼まれたけど、どうしようか？」

帰宅した高木翔太は、脱いだスーツをハンガーにかけながら、妻の美津子に尋ねた。

美津子は、キッチンからエプロン姿で手を拭きながら、翔太の洋服の片づけに来た。

「あら、あなたの保険はたしか、結婚する前に入った300万円しかないから、ちょうどいいじゃない。それでどんな保険なの？」（翔ちゃんにはもっと保険に入ってもらわなきゃ、イザというときに私が困るわ）

「設計書は渡されたけど、これがいい保険か悪い保険か、設計書を見ただけじゃよくわからないよ。みっちゃんも一緒に見てよ」翔太はカバンからカラフルな設計書を取り出した。

「それに、知り合いからの紹介で保険に入るなって、何かで読んだ気がするけど……」

「そうは言っても、田中さんのおすすめじゃ、翔ちゃんだって断れないでしょ。それに田中さんの会社なら日本で1、2を争う大きな会社だから、間違いないわよ」

洋服の片づけも終わり、ふたりでリビングのテーブルに向かい合って座った。テーブルには料理好きな美津子の手料理が4品並んでいる。食事をしながら、美津子が尋ねた。

「それで翔ちゃんに何かあったとき、いくらもらえる保険なの？」

「詳しくはわからないけど5000万円とか言っていたよ」

「わー、このマンションよりも高いお金じゃない」（それだけあったら、翔ちゃんがいなくっても当分困らないわ。でも、そんな大きな金額の保険なら、保険料も大変ね）

「で、その保険の保険料はいくらなの？」

「それがね、そこにも書いてあるけど、月に18782円だって」

「えーっ、この金額でこんなに安いの。これだったら払えるわ」（翔ちゃんが保険に入ってくれれば私も嬉しいし）

「翔ちゃん。明日、田中さんに連絡して、早速この保険に入れば！」

「うん、明日ね」

それは、翔太が35歳の誕生日が過ぎて間もなくのことだった。

こうして翔太は日本生命の『ロングランEX・重点保障プラン　更新型』という保険に入った。田中は「これでノルマが達成できた」と、心の中でバンザイをした。

翔太の保険は、それから10年ごとに更新され、あと5年で定年という年齢になった。ふたりの子供たちもそれぞれ独立し、夫婦だけの静かな暮らしに戻った。定年後は退職金と年金、5000万円ある生命保険を少しずつ取り崩して、のんびりと旅行三昧で過ごし、孫にもしょっちゅう遊びに来てもらおうと、夢を描いていた。

実は、その夢を託す生命保険に、定年まで翔太の給料から2200万円以上のお金を支払うことになるのだが、ふたりはそんな計算を一度もした事がなかった。

そして、翔太は晴れて定年を迎えた。無事に勤め上げた自分達夫婦へのご褒美に、生命保険の5分の1、1000万円分だけ取り崩して、夫婦で楽しくヨーロッパ旅行をしようと計画を立てていた。

ところが、保険会社に手続きに行った翔太は、腰を抜かさんばかりに驚いた。5000万円あると思っていた保険金は、翔太が65歳を迎えて保険料の支払いが終わった時点で4900万円の「定期保険」が消滅し、そこから先は100万円の終身保険のみとのこと。

説明を聞いても、翔太には信じられないし理解できない。今まで高い保険料を支払い続けてきたのは何だったのだろう。美津子に何といって説明すればいいのか、保険会社の窓口で、翔太は携帯のボタンも押せないほど、体の力が抜けていくのを感じた〈了〉。

あと半年で60歳の定年を迎える山田新之助は、自分が社会から締め出されるような感覚を抱いていた。

「団塊の世代」といって世間は騒ぐけど、俺達が日本の社会や経済をここまで引っ張って来たから、今の豊かな日本があるんじゃないか。団塊世代の人口が多くて、定年で一斉に労働人口が減るからって、それは俺達のせいじゃないよ。それならそれで、まだまだ働ける俺達を労働市場から締め出すより、今まで培ってきた頭脳と労働力をもっと有効に活用してもらいたいと、憤慨したこともあったが、定年が迫ってくるに従って新之助の心は、石ころが転がるように暗く沈んでいった。そして段々と無口になり、勤務先でも自宅でも表情が晴れることがなくなっていた。

新之助の妻の薫は、新之助より7歳年下の53歳。少し小柄だが色白でバランスの取れた体つきで年齢より5～6歳は若く見え、水泳教室やダンス教室、たまにカラオケボックスにも通う社交的で元気はつらつの専業主婦だ。

いろいろな教室に通ううちに交際範囲も広がって、友人もたくさんできた。また、新之助が暗くなればなるほど、薫は教室へ通う頻度が多くなった。

そんなある日、カラオケボックスに行った際、友人で魚屋の女将さんをしている酒井清美から「山田さん。『団塊の悲劇』って知ってる？」と聞かれた（団塊といえば、うちの主人も団塊の世代だわ）。

「その悲劇って、一体何なの？」

「あら、知らないの。お宅のご主人って、今年ちょうど60歳でしょ。その年齢あたりになると、生命保険が何十分の一になっちゃうそうよ。それで、大きな保険金は一挙に縮んで、1～2ヶ月程度の保険金しかもらえないそうよ」

「まさかー、そんなことってありなの？」

「私みたいにさ、亭主が55歳で死んでくれたら、保険金もがっぽり受け取れるのにね」

清美は、まるで人ごとのようだ。

清美からそんな話を聞かされて、薫の心中は穏やかではない。その後、歌を唄っていても、上の空だった（家に帰ったら早速、主人の保険証券を調べてみよう）。

友達と別れて帰宅すると、時刻は夜10時を過ぎていた。新之助は既に就寝したらしく、軽い寝息が聞こえる。

薫はクリアファイルに入れてある保険証券を出して見た。見るのは何年ぶりだろうか。

そこには「主契約・終身保険＝100万円」「定期保険＝4900万円」、保険料払込期間・60歳まで、と書いてある。

60歳まで保険料を支払えば、あとは合計5000万円の保障が一生涯続くようにも解釈できる。でも、清美の話がどうしても気になる。保険料が払い終わるのは、あと半年だ。急いで確認しなければ……。

翌日、新之助が出勤してから、すぐに薫は保険会社に電話をしてみた。

何度も何度も、繰り返し問いただした結果、清美の話は正しいことがわかった。

ふたりの子供を大学に通わせ、苦しい家計がやっと楽になると思ったのに、ふたり生活で夫に死なれて保険金が100万円じゃ、どうやって老後を過ごせというのか？

それ以来、薫は（いっそのこと離婚して夫の年金の半分をもらって、束縛されずに暮らした方が、辛気臭い夫の顔を見て暮らすよりよっぽど楽しいんじゃないかしら）と考えるようになり、夫の年金と退職金がいくらになるのか真剣に計算してみようと、新之助に気づかれないように離婚の計画を立て始めた〈了〉。

警鐘（「はじめに」に代えて）

関東大震災や阪神・淡路大震災、あるいは最近の中国・四川省で起きた大地震や、山形・宮城内陸地震のような災害は、いつ起きるか正確な予測がつかないので、ついつい対策も疎かになりがちだ。

「のど元過ぎれば熱さ忘れる」という人間の「性」かもしれない。

ところが一家の財産であるべき生命保険に関しては、その保障の行く末がどうなっていくのか、計算機を片手に計算すれば、小学生ですら簡単に計算ができる。

計算された数字を見て、小学生では意味がわからないかもしれないが、大人のあなたなら遠い先を示すその数字を見て、きっとびっくりするだろう。

「そんな馬鹿な」と。

一方、「俺の保険はそんな保険じゃないよ」と、自分の保険は一生涯を託せるよい保険だと信じて、疑いもしない人もいる。

あなたのその「思いこみ」のお陰で、あなたの財布の中身が将来は薄っぺらになり、代わりに加入している保険会社の懐が、丸々と太っていくこともわからないのだ。

筆者が「他人の財布のこと」と無関心を装うのは簡単だが、これまで出してきた本を手にした方で、自分の保険を検証し、あまりの中身のひどさに悲鳴を上げて相談に来る人の多さを見ていると、日本の保険会社（特に『漢字系』と称する社名が漢字の会社と、元は漢字名だったが破綻してカタカナ名になった会社）の保険が、これまで国民的な損害をもたらしたことに義憤を感じている。

生命保険とは、簡単にいうと「お互いにお金を出し合って、先に不幸に見舞われた者から順番にお金を受け取れるシステムを商品化したもの」だと思えばよい。

商品化は個人レベルではできないので、保険会社という組織が「生命保険」という商品を作り、希望者がお金を出して制度に加入するのが保険の仕組みだ。

保険会社は、加入者が支払う保険料の中の「純保険料」を運用して殖《ふ》やし、さらに「付加保険料」という形で事業・運営費として費用を上乗せして徴収する、この費用の見込み額の大小で、他社と保険料を比較した場合に差が出ることになる。

しかし、あなたを含めた加入者の将来にとって、付加保険料が多いか少ないかよりも、**加入している保険自体がどんな種類なのか**が、重要だ。

「65歳まで厚く保障してもらったのだから、お金を取られても仕方がない」

という時代は、とうに終わっている。

日本は世界一の長寿国であり、60歳や65歳で保障が終わりでは、その先の長い人生が不安で一杯だ。

自分の払った保険料が、ただ死亡を保障するのではなく、**長生きした時にどう役立つのか**も、これからはとても重要な問題だ。

ところが今の保険の主流は、国民の一人ひとりが、合計すると高級乗用車1～2台分に匹敵する高額なお金を、生命保険会社に献上する仕組みになっている。

それでも平気なほど、あなたは裕福なのか？　と問うのが、本書の役割だ。


「どうせ生命保険なんて、どこの会社のどの保険に入っても大差ないさ」と無関心を捨て、ホンの少しの時間、電卓を片手に自分の保険証券と向き合ってほしい。

あなたが生命保険を通して、「お金では買えない大切な家族と自分の幸福を、お金を払って保険会社に売り渡している」ことに、どうか気づいてほしい。

本書を読み進むうちに、恐ろしさに身を震わせ、怒りのために身体に力が入り、今までの自分の愚かさに後悔するだろう。

生命保険は、時計の針が進んでいくのと同様に、**絶対に後戻りできない。**

しかし、保険にバックギアがなくても、気づいた時点でブレーキを踏むことはできる。その時点で進路を見極め、家族の幸福のためにハンドルを切って、正しい進路に向けることは、誰にでもできることだ。

本書は生命保険に関して、多くの消費者が知りたいこと、疑問や不安に思っていることなど、日頃筆者の研究所に寄せられる質問について、できるだけわかりやすく解説した。

なお、各社の保険商品を実名で取り上げたが、少しでも保険に疑問を感じる人の研究材料として取り上げたに過ぎず、「その商品でいいのだ」という人には無用の書だ。

誹謗中傷が目的ではない。個々の保険の「本質」を知ってもらうことが目的だ。

さらに、世界的な経済恐慌の波を受けて、10月10日には大和生命が「会社更生法」の申請をして破綻したように、加入会社の良し悪しを見極めるのも大事だ。

あなたの、保険に対する今までの反省とこれからの進路の決定に本書が役立てば、筆者としてこれに勝る喜びはない。読者諸氏の幸福を祈りつつ……

三田村　京

目次

第2章 保険金・給付金を受け取れるの？

第3章 保険料のマジックとは？

第４章　生命保険の基本的な特徴を押さえよう

装丁　八木美枝（ＳＨＤ）
本文イラスト　土屋和泉（ＳＨＤ）
本文図版・組版　横内俊彦

第１章

保険は、長い一生を安心して託せるのか？

①「俺の保険は、よい保険だ」と信じているが……

山本剛は、勤務先の上司の紹介で、住友生命の営業員須藤美紀から、5年前の35歳のときに保険に加入した。

その保険は「ライブ・ワン」という名前で、須藤から「明治安田生命の『画期的に進化したライフアカウントL・A・』と同じスタイルの、優れた保険よ」と勧められて「それならいい保険なんだろう」と須藤に感謝して加入したものだ。

死亡したら6300万円の死亡保険金が受け取れる。

妻の陽子が、結婚してから剛に掛けた1000万円の『定期保険』と併せて、剛が死ねば合計7300万円が陽子の財布に入ってくることになるが、剛は定期保険のことは知らない。

陽子は土いじりが好きで、マンションの狭いベランダでプランターを並べ、家庭菜園と称してトマトやキュウリを作っている。将来、一戸建てを建てたら、庭でいろいろな野菜作りを楽しみたいと夢を描いている。

春になり、花屋や植木屋の店頭に、野菜の苗が並べられる。それを見て陽子は家庭菜園の雑誌を買いたいと、駅前の大きな本屋に行った。

いろいろなコーナーを通過して、実用書の書棚を見ていたら、鮮やかな黄色の表紙に『こんな生命保険　今すぐやめなさい』という、ショッキングなタイトルの本が目に飛び込んできた。

軽く立ち読みのつもりで手に取って見ると、剛が入っている保険の名前も「こんな保険に一生を託してはいけない」と載っていた。

（本当かな）と陽子は思った。でも、剛さんが損をする保険に入るわけがないし、剛さんの定期保険に入るときも、住友の須藤さんは親切に保険料の安い保険を世話してくれたし……

うちの保険はきっとよい保険だから、安心だわ、とあまり気にせず、結局、美津子は保険の本は買わずに、家庭菜園特集記事の載っている雑誌を買って家に帰った。

「ねぇ剛さん。今日、本屋で保険の本を立ち読みしたら、剛さんの入っている『ライブ・ワン』という保険は、入っちゃいけない保険の代表選手だと書いてあったわ」

剛は食後のテレビの野球観戦で、打席に入った選手のカウントに注目しながら、

「そんな訳ないと思うよ。須藤君が世話してくれた保険が、悪いなんて。何かの間違いだろ」

と、真剣には取り合わない。

「心配なら、保険証券を出して見てみれば？」

陽子は本の間に立てかけてあるクリアファイルを持ち出してきて、証券を剛に渡した。

「ほら、ここに『終身保険』というタイトルがついているじゃないか。この保険があれば陽子は一生涯安心だよ」

「確かに『終身保険』という文字が、保険の名前の最後についているわ。じゃあ あれは、私が記事の内容を読みまちがえたのかしら？」

それっきり、生命保険のことはふたりの頭から離れてしまった。

✔山本家の保険は、とても大きな問題を数多く含んでいる

山本家のような、生命保険にまつわる日常的な会話は、どこの家庭にでもある普遍的な事柄だ。それが、気がつかないうちにどんな大きな問題に発展し、どれほど取り返しのつかない大きな損害につながるか、本書は解き明かしていきたい。

まず、第一に「俺の保険は上司の勧めで入った保険だから、絶対に間違いなく良い保険だ」と信じ切っていることだ。一般の方には理解できないだろうが、生命保険会社の外務員（営

業）として採用されると、研修で自分の会社の保険商品のよいところを徹底的に教育される。

するとと頭の中には、自社の保険のよいところだけがぎっしりと詰め込まれた状態になる。一種の洗脳（マインド・コントロール）状態だ。自分の売っている保険が「悪いもの」だとは、毛の先ほども思わない。**つまり加害者意識は全くない。**

そして営業員には、入社早々から退職するまで、常に「**ノルマ**」がついて回る。

生命保険会社のノルマとは、入社早々から3ヶ月（会社によって多少の違いはある）ごとに、契約何件・契約金額何千万円以上という縛りがあり、成績が上がっても、査定の期間が3ヶ月から6ヶ月、そして1年となるだけで、退職するまで査定そのものから逃れることはできない。

査定の時期が来て成績が足りないと、お客のニーズに合わせた保険を売るよりも、自分の査定を満たす保険の販売に力を入れることになり、締め切りまでの時間が迫っていれば、手近に入ってくれる人を訪ねることになる。

親子・兄弟・親戚・友人・知人・先輩・後輩・同級生など、手当たり次第に歩くのだ。

しかも、そんなことは日常茶飯事なので、保険を売られた方も「知り合いの〇〇さんが私に、変な保険を売る訳がない」と信じてしまうのだ。筆者のところにも、全国から数多い保険の相談が寄せられるが、知り合いから入った保険に、残念ながらよい保険のケースは皆無だ。

これもすべて「**期間内の契約金額ノルマの縛り**」が諸悪の根源で、縛りのない獲得契約高のみで支払う「フル・コミッション」式にすれば、働きによって収入に反映し、押しつけ販売の弊害は減少するはずだ。

したがって、あなたが加入している保険も、十中八九は「ダメな保険」だろう。

ダメ保険を売っているという「加害者意識のない加害者」から入った保険が、時間（年月）と共に被害を大きくしていき、そして被害者意識のかけらもないあなたは、どんな落とし穴が待ち構えているかも知らずに、今月も貴重なお金を保険会社に払い込む。不思議でおかしく、面白くて空恐ろしい限りだ。

では、山本剛氏の保険のどこがいけないのだろうか？　箇条書きにしてみよう。

・この種の保険の最大の欠点は、平均寿命までの保障がないこと

例えば、山本剛氏の保険の設計書を見ると、死亡保障額６３００万円の内訳は、一時金の『定期保険分』３００万円と、毎年の年金２４０万円×25回＝６０００万円の合計額だ。

ところが、その中身を良く見ると、加入した35歳～39歳までの5年間に山本氏が死ねば２４０万円×年金25回＝６０００万円＋３００万円＝６３００万円であって、

40歳～44歳＝２４０万円×年金20回＝４８００万円＋３００万円＝５１００万円
45歳～49歳＝２４０万円×年金15回＝３６００万円＋３００万円＝３９００万円
50歳～64歳＝２４０万円×年金10回＝２４００万円＋３００万円＝２７００万円

と、年齢が高くなって保険料の支払い累計額が多くなればなるほど、保障される受取額は減少していく仕組みだ。

そして65歳（平均寿命の14年も手前の若さ）を迎えると、**死亡保障はすべてがなくなってゼロ**となる。

・貯まったファンドで、第二の人生は安泰か？

山本氏の場合、毎月保険料の中の１０００円がファンドとして積み立てられる仕組みだ。

これを加入した35歳～65歳までの30年間積み立てると、65歳の時には36万円が貯まり、提示してある利率０・５％で推移すると、65歳時には38万８４０９円になるという。

この資金で65歳時に、一体いくらの「この先の保障」が買えるのか？

設計書には記載されていないが、筆者の計算した概算額では、10年間しか保障されない掛け捨ての『定期保険』で約１５０万円の保険になる。そして、10年間に何事もなければ、すべては煙のように消え失せる。

一方、貯蓄性のある『養老保険』10年満期では、10年の間に亡くなるか、10年後に満期を迎えると、約40万円の保険金を手にすることができ、また、一生涯の保障を得る『終身保険』だと、約50万円の終身保障が得られる。

いずれにしても、夫たるもの、**この程度の金額**で残された家族に安心を与えることができるだろうか?

もし、保険会社の人々がそのように思っているのなら、彼らの金銭感覚はゼロ? と疑わざるを得ない。

・こういう保険だと承知して加入したのか?

生命保険は、加入したときだけよければOKではない。その保険の、**保障がどのように推移していくのか**も、とても重要なことだ。

しかしながら、それを把握している人は、生命保険加入者の2割にも満たない。

あなたは、その2割の中に入っているのだろうか? それとも「自分の保険の中身をちゃんと把握していない、圧倒的多数派の8割のひとり」だろうか?

②ニッポンは、世界に誇れる長寿国だが……

「ご親戚の方からどうぞ」

赤い袈裟をかけた導師の言葉で、目を真っ赤に泣き腫らした節子は、故人の妻として真っ先に仏前に進んだ。黒い数珠を持つ白い手が小刻みに震え、肩の力が抜けて黒い羽織を着た身体が、いつもより一回り小さく見える。

故人となった宮崎伊知郎は、86歳で死亡した。少年のころ側頭部に出来た黒い皮膚の盛り上がりを、イボかあざの一種だと思って放置していたところ、80歳を超える頃から少しずつ大きくなり、医師に「メラノーマ」と言われた。メラノーマは「ガン」の一種だ。

伊知郎自身も産婦人科の医師だが、いわゆる「医者の無養生」で、大したことはないと特別に治療も受けずに放置していた。

それが急に肺に転移して、入院か通院で治療することになったが、どちらにしても既に手術は困難なほど進行しており、放射線と投薬治療で進行を遅らせるしかできないと宣言された。

「でも、俺の両親は共に95歳以上の長生きだったから、長寿の血を引いた俺も90過ぎまでは生きられるだろう」

悲観が半分、楽観が半分ながら、自分の強い意志で乗り切って見せると決意していた。

しかし、医師に治療の必要性を指示されてから急速に体力が衰え、発見から3ヶ月後には、とうとう自分の経営している産婦人科病院の病室に入院することになった。

そして、入院から半年経った時、本人の頑張りや医師の長男がつきっきりで看病したにもかかわらず、桜の咲く時期に帰らぬ人となった。

日本の男性の平均寿命は世界3位で、約79歳だ。宮崎伊知郎は、平均寿命を7年も上回って長生きしたのだから十分、と思う人もいるだろう。しかし、平均寿命を超えて生きても、苦しい人生や嫌な環境に身を置かれたのでなければ、「もっと長生きしてやりたいことも沢山あった」「愛するものを残して人生を終わるのは心残りだ」と思うのも、人情だろう。


伊知郎が死去してから、遺産の整理が顧問税理士を交えて始まった。税理士からは、「銀行預金を始め各種の遺産は、約7ヶ月間、移動・移転はできない」と言われた。

遺産の中には、伊知郎を被保険者として加入した生命保険も含まれている。

保険会社は日本生命で、伊知郎が50歳の頃加入し、死亡したら1億円という契約の保険だ。

妻の節子が手提げ金庫の中から保険証券を出してきて、長男の博一と次男の明男と税理士に見せた。

「この保険金の受取人は『妻の節子』となっているから、私個人が受け取っても遺産の中には入らないでしょ」

節子は二人の子供の顔を見ながら、遠慮がちに言った。税理士は保険証券を手にとって、

「この保険の契約者はご主人で、奥様が死亡保険金受取人になっています。つまり、ご主人が保険料を支払った保険の保険金を妻の奥様が受け取るので、税法上は夫から妻への遺産になります。そのため、今ある財産にこの保険金が組み入れられて、総額が相続税の対象となります」

税理士は淡々と説明した。

節子は「死亡保険金・宮崎節子」と保険証券に明確に指定されているのに、他の財産と合算されることに納得がいかない。長男の博一が保険証券を手にとって、相続税から何か救済されるような文言はないかと、証券の表裏を丹念に眺めている。

「この保険金を相続税の対象から外すには、何をどうすればいいの？」

博一は税理士に訊ねた。

「保険の契約者が奥様で、ご主人に保険を掛けて、自分で保険料を支払った保険の保険金をご

自分で受け取れば、その保険金は相続税の対象ではなく、所得税の一時所得として処理され、税金もうんと安くなります」税理士はさらに言葉を継いだ。

「しかし、この保険の契約形態は、完全に相続税の対象となる契約になっていますから、他の相続財産と合算されるのは仕方のないことです」と明解に説明した。

節子も二人の息子達も、一家に保険金が入るのは嬉しい反面、それに多額の相続税が課せられるのは口惜しいと、複雑な顔つきで税理士の言葉を聞いていた。

それから数週間後、保険会社から届いた保険金受け取りの書類に必要事項を書き込み、夫の死亡が記載されている戸籍謄本を添えて、書類一式を会社に提出した。

1億円の保険金が入ってきても、その何割かは相続税で持っていかれてしまうのかと思うと、節子は何となく釈然としない気持ちであった。

会社に問い合わせをすると、指定の口座に保険金が振り込まれるのに、約一週間かかるとのことで、長い時間に思えた。その後、税金で何割取られるかはわからないが、少なくとも6〜7000万円は手元に残るだろうと、心の中で金額の大きさを想像していた。

それから8日経った金曜日に、保険会社から

「死亡保険金2000万円を、指定の口座に振り込みます」という、保険金支払いの案内書が、

節子の元に届いた。

節子は、大会社の保険会社が、何でこんな単純な金額間違いをするのだろうか、狐につままれたように思った。

この保険を契約時から扱った、営業員の黒木敦子は今でも親しくしているので、節子は早速電話をして事の次第を話し、何がどうなっているのか問い合わせてみた。

黒木は媚びることも反省もなく、いつものように親しみをこめた態度で宮崎家を訪れた。

「先生に入って頂いた保険は、先生が65歳までに亡くなれば1億円の死亡保険金でしたが、65歳を過ぎると９８００万円の『定期保険』の保障は終わり、あとは２００万円の『終身保険』のみの保障となる保険なのです」

黒木はその保険について、正しく説明した。

説明を聞いていた節子は、

「そんな馬鹿な。保険証券には『終身保険』という名前もついているし、一生涯1億円の保障があるのじゃありませんか?」と声を震わせて、涙がにじむ目で黒木の顔を覗き込んだ。黒木は、

「いいえ。この日本生命の『ロングランＥＸ重点保障』という保険は、多くの人に入って頂いて

いますが、加入した人の働き盛りの年代には厚い保障をして、65歳以降は一生涯に渡って200万円の保障になる保険です」と、保険の内容通りの説明をした。節子は納得がいかないという顔で、

「じゃあ、何でここに『終身保険』という文字が印刷されているの？　終身保険とあれば、この保険全体が終身保障だと誰でも思うじゃない」と食い下がった（1億円のつもりで高い保険料を支払ってきたのに、受け取る段になったらたったの200万円なんて、冗談でも笑えない。馬鹿にするのもほどほどにしてほしい）。

「この保険に入る時に、そんな話はひとつもしてくれなかったでしょ」

節子が抗議すると、黒木は
「いいえ。ご加入頂く時に先生にはお話しましたよ。それに保険証券にも『主契約が200万円で、定期保険特約が9800万円』と、正確に書いてありますよ」と反論した。今さら、聞いたか聞かなかったか確かめようにも、当人はこの世になく、水掛け論だ。節子はそれでも納得できずに、

「じゃあ、何でここに『終身保険』と書いてあるの？　保険の名称に終身保険と書いてあれば、この保険全体が終身保障だと思うじゃない」と再度切り込んだ。

「ですから主契約の終身保険がついていれば、その金額がいくらであろうと『終身保険』と謳ってあるのです。この保険に入られたお客様がその文字を見て『すべてが終身保障である』と錯覚するかどうかまで、保険会社は責任を持てません」

節子は説明を聞いて唖然とした。家族を守るために大切なお金を長年支払い、イザというときに役立たずで悔し涙を流すなら、保険など入らなければよかったと、悔しくてならない。

結局、宮崎伊知郎の保険は、加入から合計で約１８６０万円を支払って、受け取ったのは「たった の２００万円」という結果に終わった。

幸せと不幸を同時に売る、『定期保険特約付終身保険』

世界は広く、水や食料が欠乏して飢餓に苦しむ人が大勢いる反面、日本やアメリカのようにメタボリックが社会問題になる国もある。

「もったいない」という言葉が、ノーベル平和賞を受けた世界語になる時代だというのに、日本では飽食の時代が長く続いている。

日本ではその反面、食料自給率は４割程度で、戦略的にも弱小国に成り下がっている。

とは言いながらも平均寿命では、男性は約79歳、女性は約85歳と世界トップクラスだ。長生きでも、経済的に豊かで良好な社会環境で暮らせれば幸せだが、経済的に困窮し、劣悪な環境で暮らさなければならないのなら、幸福とはほど遠くなる。

わが日本では、多くの人々に将来に関するアンケートで問うと、圧倒的多数の人々が「将来の不安」を訴える。不安要素の1位は経済的な不安、2位が健康的な不安だという。

社会保障（公的年金・医療保障など）の現状と将来に対する信頼が乏しい日本では、**「自分の身は自分で守る」**努力は絶対に欠かせない。その自助努力の一端が、「生命保険」だ。

生身の身体を持つ私達は、いつ死亡や病気になるか、危険と隣りあわせで暮らしている。特に一家の大黒柱（一般的には夫）が倒れることがあっても、経済的に全く困らないほど裕福ならば、生命保険や「医療保険」など必要ないだろう、と思う。

しかし、「公的年金」ではデータが紛失していたり、デタラメだったり、多くの人が反対する「後期高齢者医療制度」も、少ない年金から保険料が勝手に天引きされたりと、社会不安の種は、なかなかなくならない。

そこで、どうしても生命保険金で家族の将来を守り、医療給付金で自分の生活を守ることが不可欠と考えられるが、その生命保険の一生涯続くと思っていた保障が、思いがけず平均寿命のずっと手前の65歳を境に、以降はわずか２～３ヶ月の生活費で消えてしまうとしたら……

　そんな保険に入っているとは知らずに、将来受け取る金額の何倍もの保険料を支払い続ける（計算しない）人々は、『今は幸せ』だけでいいのだろうか？


　先の宮崎家が加入していた『定期保険特約付終身保険』（ロングランＥＸ更新型）のように、平均寿命の約14年も手前の65歳までに約１８６０万円も支払ったのに、以降の一生涯の保障が、わずか１００万円や２００万円になってしまう保険で、あなたは満足しているのだろうか？

　しかも圧倒的多数の人々が、このような保険に入っていながら、**仕組みを知らない**という「現実」が存在することが大問題なのだ。

　わずかな時間で済むことだから、ぜひ一度電卓を片手に、保険料を何歳までいくら支払って、支払い終わった後は保障額がいくらになるのか？　だけでも把握してほしい。

　『定期保険特約付終身保険』に加入して高年齢で内容に気づいても、保険料が払えないほど高額か、病歴や健康状態で再加入できない悲劇が、確実に待っていると再認識してほしい。

③できるだけ長生きしたい、でも……

「ああ、俺はこんなに長生きしたけど、幸せな人生だったのだろうか？」

終戦（１９４５年・昭和20年）の２年後、昭和22年生まれの佐藤卓也は、今年61歳。干支が猪のせいか、猪突猛進で仕事に励んできた。

体も丈夫で、勤務先の中小企業の町工場では、大企業ではできない精密電気部品を作っている技術者だ。

５年前、卓也が56歳の時、それまで加入していた貯蓄性の高い『養老保険』について、「この保険は、保険料の割に死亡保障額が低いから、少ない保険料でもっと保障額の大きい保険にしましょう。今の保険を下取りすれば、保険料も安くなりますよ」と、職場の昼休みに生命保険の勧誘に来た、第一生命セールスレディの鈴木洋子に言われたのがきっかけだった。

その後彼女は、『新・堂堂人生』というパンフレットを持ってきた。

「生命保険でいくらお金が下りても、受け取る時に俺はこの世にいないのだから」と、それまであまり関心のなかった卓也だったが、「保険料が安くなって保障額が上がるなんて、こんな良いことはないな」と、それ以上は深く考えもせず、女房の康子が喜ぶだろうと頭に思い浮かべながら、鈴木に言われるまま「新しい」保険に入り直した。

それから4年経ったある日、定年まであと４ヶ月と迫ったので、定年後の人生設計をしてみようと貯金通帳や保険証券・株券など出してみた。

二人の子供を育て上げ、すでに独立させたので、貯金は３００万円ぐらいとあまりない。保有している食品会社の株も、消費期限の改ざんに加えてサブプライム問題などの影響で株価は低迷し、長いことタンスの隅に寝かせたままで１５０万円程度の価値だ。

それでも、退職金が１５００万円ぐらいはもらえそうだし、５年前に取りかえた生命保険も３０００万円の価値はあるし、合計すれば５０００万円ぐらいの財産になると胸算用した。

その上、年金が毎月約13万円はもらえるだろうから、贅沢しなければ暮らしていけると、数字の書かれたメモを見ながら康子とふたりで「安心だね」と思っていた。

「お父さん、長いことご苦労様でした。今日はあなたのお祝いですから、好きなワインを用意しておきましたよ」

久しぶりに、息子夫婦と娘夫婦がそれぞれふたりずつの子供を連れてきて、今日は卓也の定年退職祝いのささやかなパーティが始まった。

夕日が入るリビングで4人の孫に囲まれて、卓也は胸に迫るものがありながらも、顔では目じりが下がっている。長男が、

「お父さんご苦労様。乾杯！」と音頭を取って、にぎやかな食卓になった。ちょうどそこへ、「佐藤さん、郵便です」と、配達員が5通の郵便を持ってきたが、その中に、生命保険会社からの「生命保険払込完了のお知らせ」という手紙があった。

定年になって、これからは年金暮らしだが、もう保険料の支払いもなくなったし、第2の人生は、時折好きな旅行でもして、のんびり暮らしたいと思っていた。

保険も時々取り崩して解約返戻金を使えば、生活に不自由することもないなと思いながら、手紙を開けてみた。そこには

「……ご契約頂いております保険は、本年10月をもって保険料の払込が終了します。それ以降の死亡保障額は、『終身保険』の100万円となります」と印刷されている。卓也は一瞬、誰か他人の手紙を開けてしまったのかと、表書きの宛名を見た。間違いなく「佐藤卓也様」となっている。

まさかと思い、証券を出して証券番号を照らし合わせて見た。

やはり間違いない。しかし、3000万円と思っていた保険が、なぜ100万円になってし

まったのか？　どうしても理解できない。

もはや、退職祝いのパーティどころではなくなってしまった。

　青ざめた父親の顔色を見て、長男の圭一が
「お父さん、どうしたの」と、心配顔で尋ねた。しばらく言葉も出なかった卓也は圭一に、

「こんな馬鹿なことかあるのか」と、手紙を見せた。圭一は、出された手紙を受け取り、黙って読んでいた。

「お父さん。僕もこれと同じ名前の保険に入っているよ。今まで気がつかなかったけど、65歳になると１００万円になっちゃうんだね。大変な保険だ」と慰めにもならない慰めを言った。

圭一は、

「美香、僕の保険も父さんの保険と同じ保険だから、このまま続けていたら大変なことになるかも知れないよ」と、妻の美香に言った。横に座っていた長女の恵子の夫の三郎も、

「わぁー、僕の保険もお義父さんや兄さんの保険と全く一緒ですよ。こりゃ大変だ。家に帰ったら早速証券を見なけりゃ」と大慌て。パーティは、一瞬にして葬式のように湿っぽくなってしまった。

　卓也が３０００万円の保険を少しずつ取り崩して、その解約返戻金を生活費の一部に当てよ

うと思っていた算段は、砂上の楼閣の如く、もろくも崩れてしまった。

卓也も康子も気落ちして、言葉も出ない。少し時間が経ってから、

「明日になったら、保険屋の鈴木さんに聞いてみよう」

卓也がボソリとつぶやいた。

沈んだ大人の雰囲気に影響されたのか、子供達もいつの間にかリビングからケーキを持って、康子の部屋に消えていた。

長生きを望むなら、保険の点検は今すぐにしよう

生命保険に入るとき、例えば保険料を65歳まで支払う保険の場合、

「俺は、65歳以上生きるだろうから、保険料も払い切れるな」

と思うだろうし、80歳満期の保険に入る人は、

「歳を取ったら、この保険が切れちゃうんじゃないかな……」

と、心配するものだ。つまり、生命保険に加入するときは、誰もが「**自分はとても長生きする**」という意識を持っているようだ。

平均寿命という数字がある。平成18年度の「簡易生命表」では、日本の男性の平均寿命は79歳、女性は85・81歳となっていて、世界トップクラスだ。

そして、平均寿命の79歳まで生きた男性の平均余命（あと何年生きられるか）は８・98年（約９年）あるので、生命保険も平均寿命までの保障ではなく**「平均寿命＋平均余命」**の約**88歳**までないと、人生の最後は「無保険状態」という危険も覚悟せねばならない。

もちろん、これ以上長生きする人もいるだろうが、最低限でも「平均寿命＋平均余命」の年齢まで死亡保障を確保すれば、万全ではないが一応の安心というものだ。

筆者は、男性の場合のこの88歳を「**保険計算上の安全圏**」と呼んでいる。

④知らぬが仏『定期保険特約付終身保険』の功罪

「今日、会社でいつもの保険屋さんから『今の保険を下取りして、新しい保険に入らないか』と勧められたよ」

田中敦彦は会社から帰宅し、スーツを脱いで普段着に着替えながら、妻の華子に言った。

「あら、今のあなたの保険が、もう古くなったというんですか?」

スーツをハンガーにかけながら、華子はあまり保険に関心がない口ぶりで答えた。

「そうだよ。保険屋さんが古くなったっていうんだから、うちの保険は古いんだろ。新しい保険のパンフレット渡されたから、君も見ておいてくれよ」

敦彦は風呂場へ向かいながら頼んだ。敦彦がそれまで入っていた保険は、独身時代の1989年（平成元年）に加入した『養老保険』で、保障額は500万円だった。

新婚当時は、食費・車のローン・レジャー費用・交際費などの出費が大きくかさみ、保険を買い増しするところまではお金が回らなかった。

そのうち、子供が立て続けにふたりできると、子供にはそれぞれ『学資保険』を華子の希望でがっちりと加入したが、家族４人では家計がますます緊迫して、生命保険に回す予算はいつも後回し。なかなか敦彦の保障額を増やすことまでは考えられなかった。

そこへ「今の保険を下取りすれば、保険料も安く済ませて高い保障額の保険に入れる」という保険屋の話は、ふたりにとって渡りに船だった。しかも、会社で団体扱いの特典があり、保険料も給料から天引きされるので、面倒がない。こうして敦彦の５００万円の養老保険は下取りされ、明治生命（現・明治安田生命）の『ダイアモンド保険・フレッシュライフ（E）』という４０００万円の『定期保険特約付終身保険』に取り替えられた。

これが、「転換」だと知らず、保険料はさほど変わらず保障額が8倍になったことで「我々勤労者向きのとてもよい保険だ」と夫婦で素直に喜んだ。１９９９（平成11年）のことだった。

敦彦の会社は大手の鉄鋼メーカーだが、バブルがはじけて社会全体の経済が停滞したとき、リストラ旋風が吹き荒れた。定年まであと7年ある53歳の敦彦は、リストラ候補に挙がり、早期退職を迫られた。結局、わずかに上乗せされた退職金を受け取って、敦彦は失職した。

失業保険は1年間受け取れる。その間に、どこか就職できるだろうと敦彦は楽観していたが、ハローワークに通っても50代になると、雇ってくれる企業はない。

毎日、鉛の靴を履いていているように、むなしい思いで帰宅するのが常だった。

加入していた生命保険の保険料は、それまでの団体扱いの天引きから、一般扱いの月払いとなり、敦彦の預金口座から直接引き落とされていた。

家計を切り詰めるため、真っ先に槍玉に上がったのは、生命保険の保険料だ。

「保障額を半分に減らしましょうか？」

華子の言葉に敦彦は、初めて保険証券を出して眺めた。

今まで「とにかく、保険に入っておけば安心」としか思わなかったせいか、証券を見ても簡単には、保障の中身が見えてこない。主契約の『終身保険』400万円が一番上に表示されていて、その下に『定期保険』の特約が3600万円とある。保険料の支払いは60歳までだ。

支払いは60歳で終わるが、どうやら主契約と特約の合計4000万円の保障が、一生涯続く訳ではないらしい。60歳以降は、どうなるのか？　保険に詳しくない素人には、今イチわかりづらい表示になっている。

保険の名称に『終身保険』という文字があるのだから、保障のすべてが終身保障だと思ってしまうが、終身保障は主契約の400万円の終身保険部分だけで、特約の定期保険部分は、保険料が支払い終わる60歳で保障が終わってしまうことが判明した。

敦彦と同じ種類の保険に入った大部分の人々が、同じように錯覚している。保険料を支払い終えると、悲劇が待っているのだ……

生命保険会社に寄付をするのが「趣味」の人向けの保険

田中敦彦氏のように、保険に加入後は保険証券を後生大事にしまい込み、点検しないで「うちの保険はいい保険だから大丈夫」と思いこんでいる人が、何と多いことか。驚くばかりだ。43ページの図1の表を見て頂きたい。これは、田中氏の加入している保険と同じ『定期保険特約付終身保険』を図にしたものだ。

この場合、55歳までに合計で約７７３万円を支払い、その間は４０００万円の保障があるが、55歳で保険料を支払い終えたとたんに、以降は一生涯の死亡保障額が５００万円だけになってしまう保険なのである。

なお田中氏は、60歳までに合計で約１１０７万円支払うことになるが、60歳以降は４００万円の保障しか残らない。『定期保険特約付終身保険』とはこのような仕組みだ。

仮に保険料を支払い終わって以降、それまでと比べて各段に少ない額の保険金になってしまうことを承知ならば、さらに、支払った保険料の何分の一かの保障額になってしまうことも承知でこの種の保険に入ったのならば、何も申し上げることはない。

しかし、そうでないならば、絶対に電卓を片手にこの種の定期保険特約付終身保険の見直しをお勧めしたい。ただし「保険の見直し」とは、転換（59ページ参照）することではない。

◆『定期付終身保険』への加入を避ける方法　その①

一番確実な方法は、漢字系生保の保険には加入しないことだ。

◆『定期付終身保険』への加入を避ける方法　その②

それでも「とても有利だから」と強力に勧誘され、話を聞かなければならないときは、「そんなによい保険なら、あなたも入っているでしょうから、**あなたの保険証券を見せて下さい**（コピーではダメ。改ざんできるから）」と申し出てみよう。本当によい保険なら、本人（またはその配偶者）が入っているはずだ。

ただし、保険証券を見て、あなたが感心するのと加入するのとは、別問題だ。

図１　定期保険特約付終身保険の典型的な例

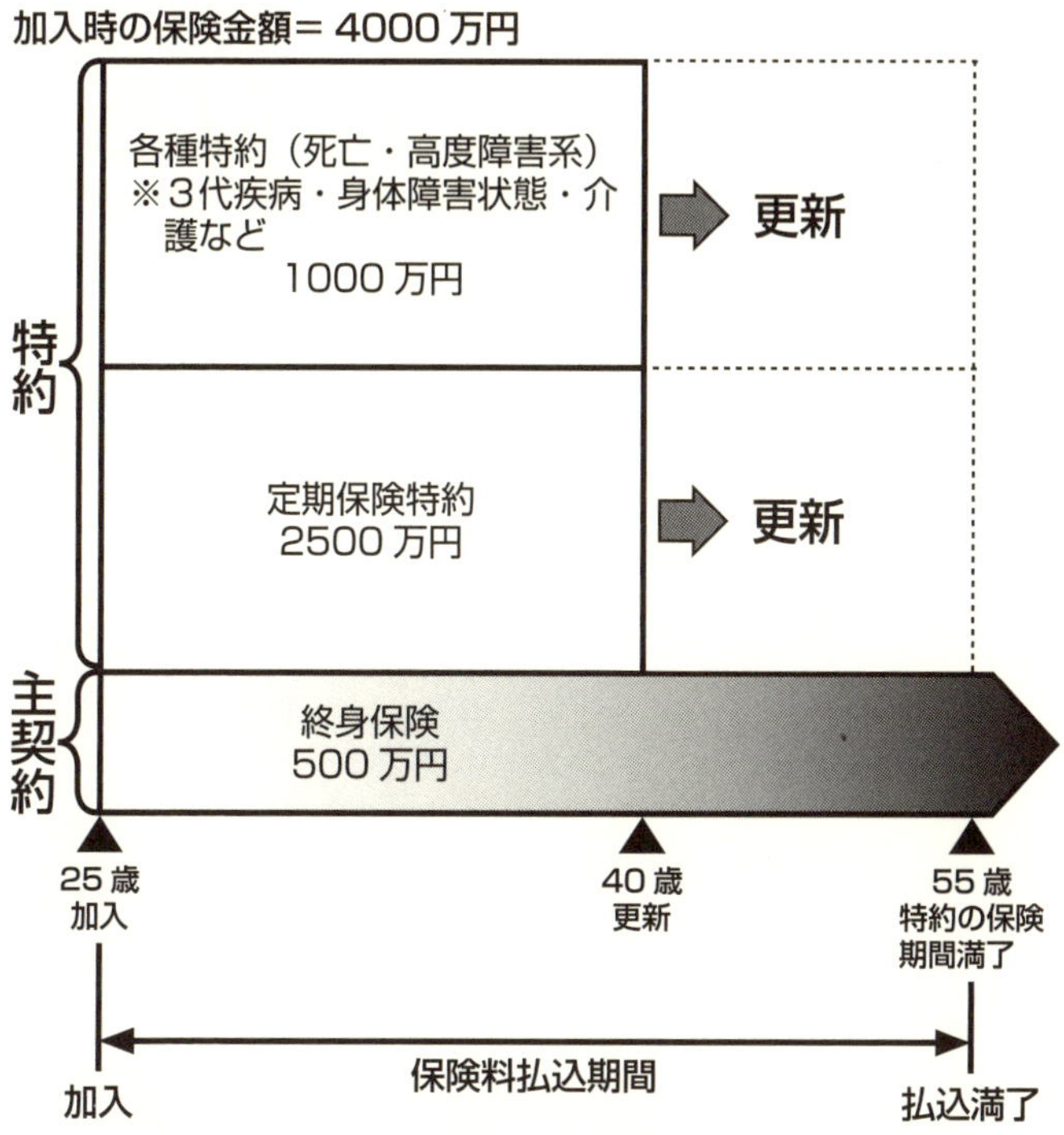

〔保険料〕（25 歳～ 55 歳まで）		
	月額保険料	支払合計額
25 歳から 15 年間	16292 円	293 万 2560 円
40 歳から 15 年間	26642 円	479 万 5560 円
	支払総合計	772 万 8120 円

ポイント　**25 歳から 55 歳まで約 773 万円払って、以後は 500 万円の保障だけ**

⑤『アカウント型保険』は、欺瞞《ぎまん》の塊のようだ

新し物好きの田中新太郎は、名前の通り、妻の小夜子から苦情を言われない予算の範囲で、常に新しいものを追いかけている。

とはいえ、さすがに高額な車と愛する妻だけは、取り替える気はない。妻の小夜子をこよなく愛しており、車も今のランドクルーザーがとても気に入っているからだ。

結婚前から入っていた保険は、第一生命の「パスポートU」という『定期保険特約付終身保険』で、死亡保障額2000万円の保険だ。加入（それも転換）してからまだ3年しか経過していない。

ある日、テレビを見ていたら「画期的に進化した保険『ライフアカウントL・A・』」という生命保険のコマーシャルが目に飛びこんで来た。

しかし発売したのは明治生命で、自分が入っている第一生命ではない。

「第一生命にも、同じような保険があるに違いない」と、新太郎は早速、いつも昼休み時に勧誘に回ってくる生保レディの進藤道子に、パンフレットがほしいと声をかけた。すると進藤は、

パンフレットと一緒に新太郎の年齢、35歳で計算された設計書を差し出した。

「へぇー、もう設計書が作ってあったの！」

少々驚き気味の声を上げると、

「ええ。今注目の商品ですからね。担当したお客様全員の設計書をお作りしておきました」と、進藤は得意満面の顔で答え、「堂堂人生」の設計書を新太郎の机の上に広げた。

新太郎が設計書を見ると、表紙には広告塔である女優の田中麗奈が、騎士のようなコスチュームでほほえんでいる。見た人に好印象を与えて、お客を引き込もうという作戦なのだろう。

実際は、どんなに好感度の良いモデルを広告塔に使っても、保険の中身とは何の関連性もない。設計書の表紙に綺麗な女優が載っていればいい保険で、石コロが載っている保険は悪い保険ということにはならない。むしろ、高いモデル代を使うより、モデル代の全然かからない石コロを使って経費節約する会社の方が「堅実な会社」とも言えるのかもしれない。

進藤は、設計書の特長を強調した部分を指差して、

「保障の形は、今までの保険とあまり変わりませんが、新しく「ファンド部分」がついて、老後の保障を確保できます」と説明して、帰っていった。

その後、せっかくだからと設計書を読んでみると「シールド」「スーパーリライ」「インカム

サポート」など、やたらに英語の名称が並び、さっぱり意味がわからない。病気やケガに備える保障部分も「ライ」「レディエール」「アクセル」と並んでおり、しかも設計書は何ページにも渡っていて、読み進めるのがとても難解だ。見ていると、パズルのようで頭が痛くなる。

結局、パンフレットは丹念に見たが、保険のよさがあまりよくわからない。セールスレディの説明を聞いているときは「なるほど」と思うのだが、いざひとりでパンフレットを見ると、保障の内容も保障期間もよく理解できなかった。

「でも、ベテランの進藤さんが勧めてくれる保険だから、悪いはずはないだろう」と彼女を信頼し、今まで入っていた保険を「下取り」して、『堂堂人生』に加入のハンコを押した。

加入から10年間の死亡保障額2600万円に、病気やケガで入院すると1日につき5000円の保障内容で、保険料が月額14645円ならば安いと思った。

加入してから約2週間後、第一生命から保険証券が送られてきた。死亡保険金受取人の欄に「田中小夜子」と小夜子の署名がコピーされている。小夜子はそれを見て、

「新太郎さん、もう明日死んでもいいわよ」と冗談を言ってふたりで笑い合った。

それから8年経過して、新太郎は43歳。中堅規模の食品会社の営業部長になり、収入も安定した。車は、ランドクルーザーからセコハンながらランドローバーに乗り換え、週末には小夜

子とドライブするのが常だ。

ある日の昼休み、愛妻弁当を開いている新太郎のところへ、進藤がやって来た。

「田中さん、あと2年で田中さんの保険は『更新』ですが、今のまま更新するか、それとも新しい保険との取りかえを検討しませんか？」

新太郎は（もう、そんなに経つのか）と思いながら、

「家内に相談してから決めるよ」と答えた。帰宅した新太郎は、早速、保険証券と加入時に受け取った設計書のパンフレットを出して見た。あの時は気がつかなかったが、改めて設計書をよく見てみると、目立たない場所に「更新後の保険料」という欄が目に入った。

そこには、今の保険料１４６４５円は、最初の更新45歳からの10年間は、２７１１８円になり、さらに55歳からの10年間は５３０９６円、65歳からの10年間は11万３６７円になると書いてある。正に倍々ゲームだ。加入するとき、新太郎はずっと同じ保険料なのかと思っていたが、どうやらそれは勘違いか見落としで、今さらながら驚いた。計算してみると、加入時と同じ保障額を75歳まで維持すると、実に２４６２万７１２０円もの保険料を支払うことになる。

そして、75歳時までの間に「堂堂ファンド」と称する「ファンド部分」の貯金が約77万１５００円で、それを元に75歳以降を保障する『終身保険』を買うと、約90万円弱の保険が買える

となっていた。

「2400万円以上払って、『歳を取ったら100万円にも満たない保障で我慢しろ』と、この保険会社は言うのか」と、新太郎は少々腹が立った。

「俺は、こんな内容の保険だと把握していなかったけど、これじゃ、老後は託せないな」

世の大勢の人々は、このことを承知で入っているのか？　とても疑問に思った（この保険の仕組みを、俺は40歳代前半で、しかも健康なうちに気がついたから良かったけど、年齢がもっと上だったり、健康上の理由で改めようがない人だったりしたら、大変だろうな）。

結局、新太郎は進藤と顔を合わさないように、昼休みは応接間で弁当を食べることにした。

その保険に老後を託せるか否かは、電卓が答えを出してくれる

「画期的に進化した保険」というキャッチコピーで、平成12年4月にデビューした明治生命の『ライフアカウントL・A・』という保険がある。

この保険が注目されたことで、他社でも同じような保険が続々と販売された。

アカウント型保険の主なものを並べてみると、

●明治安田生命…「ライフアカウントL・A・」「同・Double」「同・意気健康」「同・Double7ガード」
●第一生命…「堂堂人生」「同・新堂堂人生」
●住友生命…「ライブワン」（楽々人生かいごケアタイプ）「同・YOUタイプ」「同・DJタイプ」「同・Fanタイプ」
●三井生命…「ベクトルX」「同・Xメディカル」「ワイドディフェンス生活保障特約A」「同・B」
●朝日生命…「保険王」「同・イリョウのそなえ」「同・メディカル」
●AIGスター生命…「ユニバーサルライフ」「同・ロングステージ」
●マニュライフ生命…「マニュフレックス」「マニュメッド」「マニュステップ」
●アクサ・フィナンシャル生命…「ユニット・リンク・ヴァリウス」

ここに載っているアカウント型保険は、保険料を総額でいくら払うのか、その中でアカウント（呼び方はいろいろあるが、貯金のこと）はいくら貯まるのかを**電卓で打ちこめば、小学生でもわかる**簡単なことだ。一度、計算してみてほしい（51ページ図2参照）。

第一生命の「新・堂堂人生」をはじめ、どれも名前は立派に聞こえるが、この保険に加入した男性が、「俺は『新・堂堂人生』という保険に入ったから、これからは堂々とした人生を送れる」と、妻に胸を張って言えるのだろうか？

こういう保険を作ったり売ったりしている会社の人たちは、自ら加入しているのか？

筆者は、常々一度尋ねて見たいと思っていたところ、たまたま設計書を作ってくれた営業員にそのことを尋ねてみた。彼女いわく「ココだけの話ですが、自社の『アカウント型保険』に入っている人は、ほとんどいません。いても、ごく一部だけ」という答えだった。

「自社商品は、自ら入るほど魅力はない」と言いながら、そういう商品を消費者に押しつけてくる神経は、良識に反すると思わないのか？　矛盾に思わないのか？　不思議に思う。

『アカウント型保険』とは、例えば、充分過ぎる船賃（保険料）を払って、無事に向こう岸（寿命が尽きるまで）に着けると安心していたら、ある地点（60歳または65歳）で手漕ぎボートを一艘与えられ、「ここからは、このボートで終点まで行きなさい」と言って突き放すような、あるいは、見かけはいいのでつき合ってみたら、気立ての悪い美人だった、というような保険だ。このスタイルは、『定期保険特約付終身保険』と全く一緒である。

図２　アカウント型保険の例

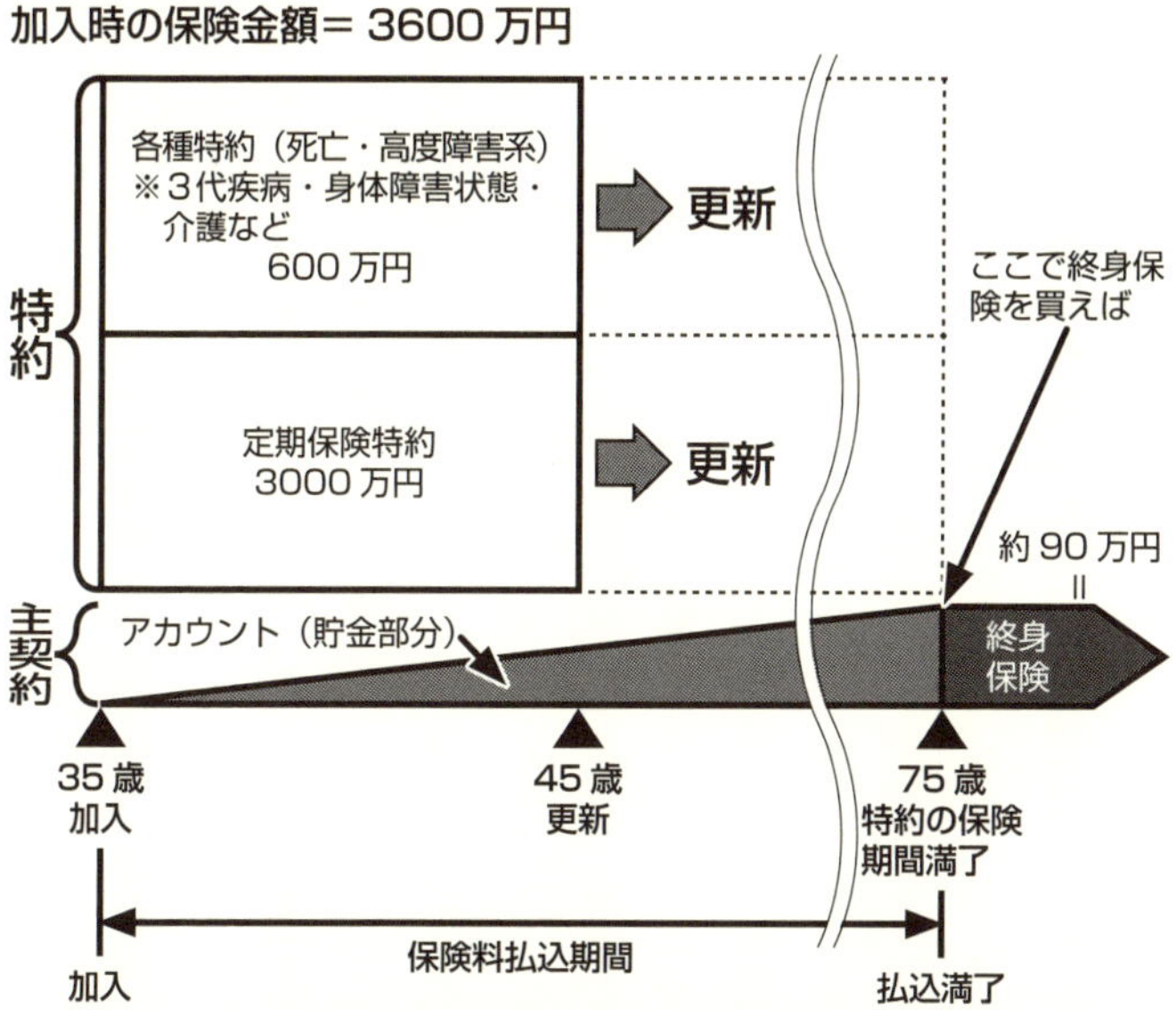

〔保険料〕（35歳～75歳まで）		
	月額保険料	支払合計額
35歳から10年間	14645円	175万7400円
45歳から10年間	27118円	325万4160円
55歳から10年間	53096円	637万1520円
65歳から10年間	11万367円	1324万4040円
	支払総合計	2462万7120円

ポイント　35歳から75歳まで焼く約2463万円払って、以後は約90万円の保障だけ

ポイント　アカウントは自分の貯金でありながら、生きていないと受け取れない

アカウント型保険を確実に避ける方法

筆者がとてもよいと推奨したい保険に、『**積立利率変動型終身保険**』がある。

これは、保険料が一定、短期間で払い終わり、一生涯を保障する終身保険だが、保険会社が預かった保険料を運用することで、保障金額が変動するタイプだ。

なお、死亡保障金額の最低保障はされているので、安心して預けることができる（販売している会社は、S社・I社・P社・AR社・AS社・MSK社、一時払いを除く）。

一方、入ってはいけない保険の代表格の『アカウント型保険』は『**利率変動型積立終身保険**』という名称で販売されている。名称に使用されている文字は全く一緒だが、文字の配列を変えただけ。これでは一般の消費者が混乱・錯覚・誤選択するのも無理はない。

アカウント型保険を発売している漢字系生保は、加入者が「よい保険」だと錯覚してくれるのを期待しているとしか思えない。なぜなら、『**アカウント型保険**』**には、終身保障されれる部分は何もないのに、『終身保険』という文字を使っている**からだ。

◆アカウント型保険を避ける方法　その①

絶対確実な方法は、「漢字系生保の保険」には、入らないことだ。

◆アカウント型保険を避ける方法　その②

それでも勧誘を避けられないほど「よい保険だ」と強力に勧められたら、そのセールスの人自身（またはその配偶者）がその保険に加入しているのか、実際の保険証券を見せてもらおう。『アカウント型保険』の誕生は、平成12（2000）年4月であるから、その直後に加入した保険証券（コピーは改ざんできるのでダメ）であればよいが、ここ2～3年に入ったものは「**見せかけの付け焼刃**」と考えてよい。

ただし、前項と同様に「話を聞く」ことと「その保険に入らなければならない」は別問題だ。

⑥「更新型」保険は「泥沼」みたいだ

ある日、加藤哲治は「今度の出張は博多に直行せず、名古屋・大阪・広島の各支社を回ってから、博多支社へ行くように」と、上司に命じられた。

加藤が勤める会社は、中堅どころの食品メーカー。問屋への商品押し込みの切り込み隊長だ。旅費は当然、会社から支給されるが、少しでも旅費を浮かそうと、10580円かかる新幹線に乗らず、東京駅の八重洲口から深夜バスを使って差額の4160円を浮かし、小遣いを増やすための涙ぐましいこともしている。

そんな哲治はある日、東京から名古屋・大阪・広島・博多と途中下車しながら行くのと、東京から博多へ直通で行くのと、旅費がどう違うのか、パソコンで検索してみた。まず、

東京↓名古屋＝10580円
名古屋↓新大阪＝6180円
新大阪↓広島＝9950円
広島↓博多＝9740円

で、合計３６４５０円になる。これが東京→博多直通の場合、２１７２０円。途中下車するより１４７３０円、約４割も安く行くことができる。

この計算の中で、哲治はハタと思い当たった「乗り継ぎを繰り返すと費用が高くなるのは、今入っている生命保険も同じでは？」。計算したら、実際はどうなのか？　興味が沸いてきた。

家に帰ってから、哲治は早速、保険証券を出して見た。

哲治が加入している保険は、日本生命の『ニッセイ・ロングランＥＸ　重点保障プラン（更新型）』という保険で、保険金額は合計５０００万円だ。

５年前、哲治が35歳で入った時からの保険料は１８７８２円だが、15年たった50歳時に更新があり、65歳までの15年間の保険料は、４５７２８円。結果として、加入して設計書通りに65歳まで払っていく額を計算すると、実に、１１６１万１８００円もの保険料となる。

そして、無事に65歳を迎えると保険料の払いこみは終わるが、以降の保障が１００万円になってしまう。

１１６１万１８００円の保険料の中には、その『終身保険』１００万円のために支払った保険料83万６６４０円が含まれているので、それを差し引いた１０７７万５１６０円ものお金はすべて掛け捨てとなり、保険会社に献上することになる。

それならば、仮に35歳から65歳までの30年間、途中で更新せずに済む保険に最初から加入した場合、合計保険料はいくらになるかを調べてみた。

35歳から65歳までの30年間、保険料が安い掛け捨ての『定期保険』で、同じ５０００万円の保障を得るために支払う保険料は、月額２１７００円だ。これを65歳まで支払うと、合計は７８１万２０００円。先のニッセイに支払ってなくなってしまう、１０７７万５１６０円よりも、約３００万円（正確には２９６万３１６０円）安いことに気がついた。

ところで哲治は、タバコを３年前からやめている。何かで読んだが、タバコを吸わない非喫煙者用のもっと保険料の節約できる保険があると記憶していたので、いろいろと探してみた。すると、すべて同じ条件で保険料が月額１７９００円という保険があった。これだと30年間の合計保険料は６４４万４０００円で、ニッセイの保険より、４３３万１１６０円も節約できることがわかった。

哲治は、食事の時間にも気づかず、今まで関心のなかった生命保険の研究がとても面白くなってきた。もっと節約できないか？　さらに一生懸命探してみた。そうしたら……あった。

今度は、同じ条件で保険料が月額１６７００円だという。これだと65歳までの合計保険料は６０１万２０００円。ニッセイの保険よりも４７６万３１６０円も節約となる。これだけあれ

図３　定期保険の「更新型」と「全期型」との比較

加入時の保険金額＝ 1000 万円

更新型

〔保険料〕（30 歳～ 85 歳まで）

	月額保険料	支払合計額
30 歳～ 40 歳	2510 円	30 万 1200 円
40 歳～ 50 歳	3840 円	46 万 800 円
50 歳～ 60 歳	7370 円	88 万 4400 円
60 歳～ 70 歳	15440 円	185 万 2800 円
70 歳～ 75 歳	38320 円	229 万 9200 円
75 歳～ 85 歳	63070 円	756 万 8400 円
（80 歳時には更新できないので、75 歳時に 10 年満期に更新）	支払総合計	1336 万 6800 円

全期型（更新のない型）

〔保険料〕（30 歳～ 88 歳まで）

	月額保険料	支払合計額
88 歳満期	10630 円	739 万 8480 円

ポイント　全期型は、更新型に比べて少ない保険料で済む

ば、節約したお金で一年間は暮らせる計算だ。哲治はもう夢中になってきた。

探せば結構保険料を節約できる保険がある。今入っているニッセイの保険のような「更新型」の保険は、とても不経済だとわかった。新幹線の切符のように、途中で乗り継ぎ「更新」するのがいかに馬鹿馬鹿しいかが、哲治の研究成果だった。

「更新型」保険に入ると、得することは何もない

「更新型」保険は、最初は安い保険料に見せかけるため、保険会社が使う得意のテクニックのひとつだ。「更新型」保険に加入すると、まるで底なしの泥沼に足を踏み入れたごとく、どんどん深み（高い保険料）にはまっていく（57ページ図3参照）。

もし、途中で泥沼を抜けようとすれば、泥沼だと気づくまでの期間が大きな損失だ。なぜなら、時間の経過分だけ年齢が上がり、その分だけ保険料も上がってしまうからだ。

さらに、まったく気がつかなければ、あなたの財布は腰・胴・胸・首と深みにはまり、やがて頭も没して、財布がなくなってしまうのに等しいと理解して頂きたい。保険に加入の際、**「更新型」保険は絶対に避けてほしい。**それだけで、あなたは財布を軽くせずに済む。

⑦「転換」というダルマ落とし

ある日、あなたのところへ美人の保険のセールス・レディが訪れて、「今度この地区の担当になりましたので、ご挨拶に来ました」と名刺を出されたら、あなたはどうするだろうか？

その会社に契約があれば、名刺を受け取って話のひとつでも、つき合うのではないか？

彼女の手元には、あなたが加入している保険契約のデータがファイルされており、その資料を元にして訪ねてくることがよくある。

横田信輔のところに訪ねてきた、住友生命のセールス・レディの小林美帆も、信輔が10年前に入った保険のデータを見ながら「横田様にご加入いただいた保険は、もう10年もたっていますし、そろそろ保障の見直しをされてはいかがでしょうか？」と、ニッコリ笑って見つめた。

10年前、信輔は美和子と結婚してすぐに、保険に加入していた。

今、その時に入った保険が古くなったから取りかえたら？　と勧められているのだ。

一般的に男は美人には弱い。勧めを断るのは勇気がいる。信輔も例外ではなく、

「今度の保険は、どういう保険なの？」と、つい聞いてしまった。「聞いてくる」ということ

は保険に関心がある証拠で、堤防の一角が崩れたに等しいと、保険を売る側は判断する。

「今まで横田さんにお入り頂いていたのと違って、今度の保険は『ファンド』という貯蓄部分があって、老後のための貯蓄もできます。さらに公的介護保険の要介護2以上の状態になれば、『新介護収入保障特約』の年金が毎年240万円ずつ25回出ますから、『定期保険』の300万円を足せば、合計で6300万円も受け取れますわ」

小林のネイル・アートを施された美しい指先が、説明に沿って設計書の上を滑っていく。

「しかも、今ご加入の保険を下取りすれば、今よりも保険料も安くなります」

下取りとは「転換」のことだが、「保険は転換するたびに保障の質が落ちていく」という情報が徐々に浸透し始めたせいか、小林も「転換」という言葉は使わずに、さかんに「下取り」という言い方で話を進めていく。

35歳の信輔が現在入っている保険は、死亡しても3000万円にしかならないけれど、今度の保険は保険料が安くなった上に、保険金が倍以上になるなら、あいつも喜ぶだろうと、妻の美和子の顔を思い浮かべた（毎月の保険料は19686円で、うち1000円がファンドの積立金だ。10年ごとに保険料少しずつ上昇するけど、支払えない額じゃないな）。

結局、信輔は小林の示した設計書通りの保険の加入申込書にサインし、計算もせず加入した。

加入の申し込みをしてから約半月後に、信輔の自宅に保険証券が配達されたが、信輔も美和子も、特に保険証券の内容を点検もしないで、預金通帳などを入れる引き出しにしまった。

ふたりとも「よい保険に入ったから、もう安心」と思いこんでいるが、本当にそうなのだろうか？　誰か「本当のこと」を教えてくれる人は、いないのだろうか？

「転換」して、内容がよくなった保険はない

あなたは「ダルマ落とし」という遊び道具を、知っていますか？

そう。丸太を5～6段に輪切りにしたような上に、ひげを生やした達磨大師の顔が乗っていて、輪切りの板をハンマーでひとつずつ叩いて外し、達磨大師の顔だけを残す、というゲームだ。叩き方を間違えると、途中から崩れて顔も転がってしまい、負けとなる。

生命保険の「転換」もこれによく似ていて、輪切りの板を落とせば落とすほど達磨の身の丈が低くなるように、保険も転換すればするほど、保障の内容が悪くなっていく。

ここに出てくる横田信輔氏の場合は、転換自体もさることながら、もっと悪いことが重なっ

ている。ここからは、実際に筆者がチェックして判明した点を挙げてみたい。

まず、10年前に入った保険の「予定利率」は2・75%だったが、取り替えた後の保険の予定利率は、わずか1・5%でしかない（詳細は、63ページ図4参照）。

これはある日、あなたが預金している銀行員が訪ねて来て、

「今2・75%でお預け頂いている定期預金を、新しく出た1・5%の預金と変えませんか?」

と、低い利率の預金に取りかえさせられたのと等しい。

「保険を転換したかもしれない」人は、その際、この予定利率の説明を受けただろうか?

次に「ファンド（貯金）」のことだが、毎月1000円ずつ30年間積み立てても、元金の合計額は36万円にしかならない。また、パンフレットに示してある利率で積み立てたとしても、元利合計で約38万8000円だ。この金額で65歳時に一生涯の保障のある『終身保険』を買おうとすれば、せいぜい45万円か多くて50万円ぐらいだ。こんな低い金額で「老後は我慢しろ」と、保険会社は言うのだろうか?

まだ不審なことがある。「ファンド」とは自分の積立金であるのに、45年後の80歳にならないと、満額は引き出せない決まりになっている。おかしな話だ。

さらに「年金」の受け取り欄を見てみると、35歳〜40歳の5年間に亡くなれば、年金は24

図4　予定利率の推移表

単位：%

<table>
<tr><th>年</th><th colspan="6">生保</th><th colspan="2">簡保</th></tr>
<tr><td>1981年
(昭和56年)
4月～</td><td colspan="2" rowspan="2">10年以下
6.0</td><td colspan="2" rowspan="2">10年超
20年以下
5.5</td><td colspan="2" rowspan="2">20年超
5.0</td><td>20年以下
5.5</td><td>20年超
5.0</td></tr>
<tr><td>1984年
(昭和59年)
4月～</td><td colspan="2" rowspan="2">6.0</td></tr>
<tr><td>1985年
(昭和60年)
4月～</td><td colspan="2">10年以下
6.25</td><td colspan="2">10年超
20年以下
6.0</td><td colspan="2">20年超
5.5</td></tr>
<tr><td>1990年
(平成2年)
4月～</td><td colspan="3">10年以下
5.75</td><td colspan="3">10年超
5.5</td><td rowspan="2">満期型
5.75</td><td rowspan="2">終身型
5.5</td></tr>
<tr><td>1993年
(平成5年)
4月～</td><td colspan="6">4.75</td></tr>
<tr><td>1994年
(平成6年)
4月～</td><td colspan="6">3.75</td><td colspan="2">3.75</td></tr>
<tr><td>1996年
(平成8年)
4月～</td><td colspan="6">2.75</td><td colspan="2">2.75</td></tr>
<tr><td>1999年
(平成11年)
4月～</td><td colspan="3">有配当
2.0</td><td colspan="3">5年ごとの
利差配当
2.15</td><td colspan="2" rowspan="2">2.0</td></tr>
<tr><td>2001年
(平成13年)
4月～</td><td colspan="3">有配当
1.5</td><td colspan="3">5年ごとの
利差配当
1.65</td></tr>
<tr><td>2002年
(平成14年)
7月～</td><td colspan="3">有配当
1.5</td><td colspan="3">5年ごとの
利差配当
1.65</td><td colspan="2">1.5</td></tr>
</table>

※表内の年数は、加入してから保障が終わるまでの期間

ポイント　予定利率は、こんなに下がっている
さらに、下がることも予想される

0万円が25回に渡って満額受け取れるが、40歳〜45歳の間の死亡では受け取れる回数が20回、45歳〜50歳では15回、50歳〜65歳までは10回と、保険料を払いこめば払いこむほど年金の受け取り回数が少なくなっていく。**早く死なないと、損になるみたい**だ。

そして最後に「保険料が安くなっている」と言うが、それは前の保険を解約した際に、それまでプールされていた解約返戻金を、新しい保険の一部に充てているだけで、保険会社が安くしてくれているわけではない。解約返戻金は本来、横田氏の懐に入るべきお金なのに……。

これが、「『転換』すると保険料が安くなる」と見せかけた仕掛けだ。

このように見てみると、「この保険でいい」と言う人には解説は無用だが、疑問を持ったらまずは、電卓を片手に、計算してみてはいかがだろうか？

なお筆者の計算によると、横田氏は65歳までに合計で約１０３７万円支払い、そのうちファンドとして手元に残る元金が約36万円なので、65歳まで元気であれば、約１０００万円の貴重なお金を、保険会社に献上することになる。

保険の見直しとは、「転換」することではない。よく考えてみよう。

⑧「破れ」に気づかない、ネット加入保険の恐ろしさ

5月のある土曜日の新聞に、「タブーに挑むネット生保」という特集記事が載っていた。かねがね、生保レディのしつこさと、生命保険の商品内容の複雑さに不満を抱いていた落合健三は、その記事を読むなり、

「ねえ、静子。転換を迫られている僕の保険はやめて、ネットで保険に入ろうか？　時代の先端をいっているようだし……」と、妻の静子に言った。

「パソコンはあなたの方が得意なんですから、急いで調べて下さいよ」

少々パソコンが苦手な静子が、気のない生返事をすると、

「ああ、後で調べておくよ」

健三は、休日午前中の暖かい日差しを浴びながらソファーに寝そべって、新聞を読み進んだ。

健三は、静子と結婚して7年になる。結婚して1年後の28歳の時に生まれたひとり娘の敦子は、もう小学校1年生だ。

健三自身は、東京に本社のある薬品会社の地方支社の営業員で、毎日のように病院や医院・

薬局などの営業に飛び回っている。

健三が、ネットで保険に加入することを思いついたのも、会社に昼休みを利用してやってくる、漢字系生保のセールスレディのしつこい勧誘をわずらわしいと思っていたからだ。

以前作ってもらったことがあるが、商品説明の設計書を見ても現時点での良いところばかりが強調されていて、欠点はどうなのか、将来はどうなるかが、まるでわからない。

また、それでも仕方なく加入した後で、送られてきた保険証券を見ても、将来の説明が正確になされていない。保険証券を見れば見るほど、錯覚と誤解を呼び起こさせるような記載内容だと感じていた。

そんなことに不満を抱いていた健三が、ネットで簡単に自分のニーズを満たして、しかも安い保険料で保障が得られると知ったのだから（これからの生命保険は、ネットで加入する時代なんだな）と思うのもごく自然なことだろう。昼食を済ませてから健三はパソコンに向かった。

インターネットでネット生保のページを開くと「できるだけシンプルな、少しでも安い保険料で、ふたつの商品を提供する」とある。

ひとつは「家族への保険」として『定期保険』、もうひとつは「自分への保険」として『医療保険』だ。ホームページを読み進んでいくと、なるほどと思う説明が書いてあった。

さらに「自分で簡単にプランが作れる」「保障内容がシンプルで保険料が安い」「特約がない」と、よいことずくめだ。加入は18歳から64歳までで、70歳まで保障すると説明されている。

現在35歳の健三は（敦子が独立するのが22歳として、あと16年後か。その時俺は51歳だから、70歳まで保障があれば充分だな）と、娘と自分の年齢を計算しながら考えた。

ネット上で保障プランを作成してみると、健三の入力したデータで算出された必要保障額は、４０００万円と出た。加入できるネットの保険会社は２社。Ａ社の保険料は月に６２５６円、Ｂ社が７７６０円という違いだ。

健三は、保険料を毎月ず～っと支払っていくのだから、少しでも安い方が良いと思い、Ａ社の保険に入ることにした。静子にそのことを話すと
「あなたが調べたのなら、それでいいわ」と、全面的に夫に任せた格好だ。

こうして健三は、死亡保険金受取人を静子とする保険契約をパソコンから申し込んだ。ふたりは「わずらわしさも、生保レディにしつこく攻撃されることもないし、ホントに簡単でいい」と喜んだ。

数日して、申し込んだ保険の証券が、保険会社から郵便で送られてきた。

朝の洗濯物を干している時に郵便を受け取った静子は、早速、健三の携帯に電話をした。

「もしもし健三さん、保険の証券が、いま届いたわよ」

「今、接客中だから」

健三は小声で答えて、電話を切ってしまった。

静子は、ダイニングテーブルの上で証券に目を通し、住所・氏名のフリガナ・生年月日・電話番号・保険金額など、打ち込まれている文字を点検した。

「間違いないわ」とつぶやきながら、静子は証券をテーブルの上に置いた。

その日の夕食後に、健三は保険証券を見て「よかった」と言うだけで、それ以上特別に交わす会話もなく、1日が終わった。


それから、またたく間に10年が過ぎた。

当時6歳だった娘の敦子は、高校に入学し、学生生活を謳歌している。やれ部活だ、コンサートだと、家に帰る時間もだんだん遅くなってきた。（これから悪い虫がつかないか）と健三は心配するが、静子は案外ケロッとしている。

そんなある日、保険会社から1通の手紙が来た。

「ご加入頂いております保険契約の『更新』の時期がまいりました。今後10年間の保険料は、月額１４８９２円になります。『更新』は特にお申し出のない限り、自動更新とさせて頂きます。告知は特に必要ありません」とある。３年前に、胃のポリープを取った健三にとっては、告知なしで契約を更新できるのはありがたかった。「何も申し出が必要ない」ということなので、健三はそのままにしておいた。

そして保険契約は更新され、保険会社から特段の通知もなく、年月が過ぎていった。


さらに10年が過ぎ、健三は55歳になった。

娘の敦子も2年前に嫁ぎ、静子とふたりだけの生活だ。

健三も部長職となり、収入も増えて生活も安定している。

そこへ10年前と同じように、保険会社から「更新」の通知が来た。

新しい保険料は３４０８８円になるという。

「４０００万円の保険金に対してこの程度の保険料なら、何とか払えなくもないな」と、静子と相談の上、更新することにした。

健三と静子は週に1度の外食、半年に1回の旅行など、生活もエンジョイしている。

ここ7～8年の間に、海外旅行でオーストラリアやイタリアにも行った。

健三が定年まであと1年という64歳のとき、保険会社からお知らせが来た。「保障は70歳までですが、最後の更新は64歳時に必要です」と書いてある。

若い時は、人生の終点のことなど、まだずっと先のことだと考えもしなかったが、さすがに定年や年金生活が迫ってくる年代になると、年金のことはもちろん、保険や、将来静子と入るであろうお墓のことまで頭をかすめる。

保険会社からの通知を見て健三と静子は、「保障が70歳で終わってしまう」事実に改めて気づき、愕然とした。振り返ってみれば、保障が70歳までなのは、最初から明確にわかっていたことだが……

それを、まだ遠い将来のことと真剣に考えなかったわが身の愚かさに、腹を立てた。

保障が終わる70歳という年齢は、日本の男性の平均寿命79歳の、9年も前の年齢である。もし、このままネット保険に頼りきっていれば、70歳以降の人生の終点までの年月を、無保険状態で過ごさねばならなくなる。

「なんで保険を選ぶ時に、こんな簡単なことに気がつかなかったのだろう……」

健三と静子は、保険料の安さと加入の簡単さで選んだ取り返しのつかない損失に、今さらながら、声も出ない悔しさを噛みしめていた。

一方、ネット保険会社の方は、男性の平均寿命までは死亡保険金を支払う確率（リスク）は低いし、落合健三氏のように、それに気がついて保険の継続をやめて解約してくれれば、それまでの保険料はタダ取りできるし、とよいことずくめだ。

ネット保険の悲劇は、さらに続く

ここに挙げたように、ネットの保険は、加入は簡単で合理的なので、安易に飛びつきがちだが、目先のことだけしか考えていないと、健三と静子のような悲劇が待っている。

この悲劇はネット保険ばかりでなく、高年齢になると保障が先細りになり、保障がなくなってしまう「共済」にも言えることだ。

ネット保険や共済に頼っていた悲劇は、さらに続く。

それは、「老後の長い将来の保障が途切れてしまう」と気がつくまで、長い年月を過ごしていることが多く、気づいた時の年齢が高いので、慌てて一生涯の保障がある保険に入ろうとすると、

・年齢が高くなっているので、ネット保険や共済などと比較して、何倍もの馬鹿高い保険料を支払わなくてはならず、その落差に驚く。

・高い保険料を支払える経済力があればよいが、その時の健康状態や病歴によっては、保険に加入できない大きな危険性がある。

そんな危険が待ち受けているのに、それでもあなたは、ネットで保険に入りますか？

では、ネットで入る保険は利用価値がないのかというと、そうではない。

例えば、①一生涯保障のある『終身保険』で必要額を確保する、②予算の関係で①の保険を、必要分だけ確保できなかった時の補填として、あるいは短期間（1年〜5年間、長くても10年間まで）の保障を必要とする時には、保険料が安いネット保険は便利でいい保険だ。

逆にいえば、**ネット保険は長い一生涯の保障として頼ってはいけない（共済も）**と、肝に銘じて頂きたい。

⑨「共済」はどこまで頼りになるか？

新聞を開くと、いつもと同じように「共済」のパンフレットが、他の折込広告と一緒に入っていた。加入している生命保険の毎月支払う保険料と比べると、共済の掛け金は、安くてとても魅力的だ。

その上、割戻金（生命保険の配当金にあたる）も結構な金額があるので、安田邦子は、夫の孝一の保険を共済の取りかえようかと思案していた。

安田孝一は町工場の腕の良い職人だが、勤務先の工場は規模が小さく、不況時はまともに波をかぶり、ここ10年間に３回ほど給料の遅配があった。

家計のやりくりをする邦子にとって、月に２１０００円の保険料は、食費を切り詰めてもなかなか大変な努力が必要だ。

「お父さん、このパンフレットを見て。共済の方が、今入っている保険よりずっと安いわよ。お父さんの保険も共済に取り替えない？」と、邦子は新聞を読んでいた孝一に話しかけた。

「どれどれ」と言いながら、孝一はパンフレットを妻から受け取って開いてみた。

「このところ工場であまりよい話は聞かないから、この先給料が上がるとは思えないしな……」

「お父さんも一生懸命働いているのですから、私だって家計をしっかりと守らなくちゃ。だから共済にしましょうよ」

「ああ、いいよ。お前に任せるよ」

（俺だって、一生懸命働いているんだ）と思いながらも、孝一にとって給料の話題はあまり嬉しくない。共済のことを任された邦子は、翌日早速、パンフレットの片隅の「資料請求」のハガキを出した。

それから、数日後に届いた申込書に必要事項を書きこんで、邦子は申込書をポストに入れると、孝一の工場に電話をした。

「お父さん、いま共済の申し込みをしたから、保険の方は解約の連絡をしておいて下さいな」

「ああ、わかったよ。連絡しておくよ」

こうして、孝一の生命保険は解約され、共済に変えられた。

今まで毎月支払っていた２１０００円の保険料は、３６００円となり、１０００万円だった死亡保険金は、８００万円となった。毎月の支出が軽くなるので、邦子は喜んだ。

孝一も邦子も共にとても健康で、毎年の春先に花粉症で鼻炎の薬を買うぐらいで、あまり風邪も引かないし、医者にもほとんどかかったことがない。

ところが、共済に入って7年後、55歳になったある日、孝一は工場で指1本を切断する大ケガをしてしまった。急ぎ病院で手術をしたが、残念ながら指はつながらなかった。

数日経ってから邦子は、共済のことを思い出し、手術給付金が出るのか証券を出して見た。しかし、手術給付金の請求の仕方がよくわからないので、共済に電話をしてみた。

「ご入院はなさったのですか？」

事務担当者に聞かれた邦子は、

「いいえ、入院はしないで手術だけです」

「安田様がご加入頂いている共済は、手術給付金の保障はありません。手術給付金が給付される特約をつけていらっしゃらないので……」

この答えを聞いた邦子は、「以前入っていた保険の医療保障には、ちゃんと手術給付があったのに」と残念な思いがした。が、後悔先に立たずだ。

さらに邦子は、加入時の保障が一生涯続くものと思いこんでいたが、共済のパンフレットをよく読んでみると、60歳なったら「シニア総合タイプ（60歳～64歳の間の保障）」に切りかえる必要があり、それも70歳で保障が終わる。しかも、切りかえ時には健康状態が良好でないとダメだと書いてある。

また、掛け金は毎月4000円に上がるのに、死亡保障額は200万円と少なくなる。

「お父さん、大変ですよ。このまま共済を続けていくと、あと5年たって60歳を過ぎると、お父さんが死んで、もらえるお金は200万円になっちゃうし、70歳で保障が終わっちゃうんですって」

共済のパンフレットを見ながら発せられた邦子の言葉に、孝一もびっくりした。

「70までに死んでも200万円じゃ、葬式代も足りないくらいだ。お前に残してやるどころの話じゃないな。俺の命は、そんなに安いのか……」

と孝一も肩を落とした。ただ、邦子が「共済にしよう」と言って今日の不利を招いてしまったことを、孝一は責めなかった。

「やっぱり共済をやめて、保険に入り直さなくてはいけないな」

孝一のその言葉に、邦子も

「お父さん、ごめんなさい」と、謝りながらうなずいた。

「保険のパンフレットを集めますから、今度はお父さんも一緒に研究して下さいね」

邦子の言葉に、包帯をした手をさすりながら、孝一はうなずくだけだった。

保障の「安物買いのゼニ失い」は、お金よりもっと大切なものを失う

郵便局で１００円の切手を買う際、１円足りない99円では買えないし、１０１円を出す必要もない。モノには、それ相応の価値に対する価格があって、必要な対価を払わなければ希望するモノは買えないのが、原則だ。

保険も全く同じで、保険料（掛け金）が安ければ安いなりに、必ず欠点があると思った方が良い（79ページ図5参照）。平均寿命までの保障をきちんとしないで、保障を終わりにできるのならば、掛け金はいくらでも安くできるのも、納得だ。

掛け金の安さと、割戻金の魅力を感じて共済に頼っていると、将来の不安に気がついたとき、それまで経過した年月は取り返しがつかない。

また、気がついて終身保障のあるものに取りかえようとする時、それまでの病歴や健康状態によっては「新たに保険には入れない」という危険が待ち受けている。

仮に、健康状態はクリアできても、年月がたって年齢が上がっているので、その時の保険料は共済の何倍または十何倍にもなって、落差の大きい保険料にびっくりし、払いきれずに「無保険状態」になる人の、なんと多いことか。驚くばかりだし、悲劇だ。

こんな危険が待ち受けていても、それでも共済に頼りますか？

では、共済は全く利用価値がないのか？　そんなことはない。いわゆる「普通」の保険（死亡保障も医療保障も）でしっかりと保障を確保してから、それでも保障額が不足しているときなどに、何ヶ月間、何年間というように、短期間の保障のためなら、共済は安くて利用価値は高い保障だ。このことを理解して共済を利用するなら、利用価値は充分に発揮できる。

要は、「**共済を一生涯の保障としてはいけない**」ということだ。

図5　共済の例（こくみん共済の場合）

「総合タイプ」掛け金1800円（月額）

<table>
<tr><td colspan="2"></td><td>満15歳</td><td>満60歳</td><td>満65歳</td><td>満70歳</td><td>満80歳</td><td>満85歳</td></tr>
<tr><td colspan="2"></td><td>自動継続→</td><td>自動継続→</td><td>自動継続→</td><td>自動継続→</td><td>自動継続</td><td></td></tr>
<tr><td colspan="2">保障内容</td><td>総合タイプ</td><td>総合60歳
移行タイプ</td><td>総合65歳
移行タイプ</td><td>総合70歳
移行タイプ</td><td>総合80歳
移行タイプ</td><td></td></tr>
<tr><td rowspan="3">死亡・重度障害</td><td>交通事故</td><td>1200万円</td><td>300万円</td><td>200万円</td><td rowspan="2">100万円</td><td rowspan="3">20万円</td><td>→0</td></tr>
<tr><td>不慮の事故</td><td>800万円</td><td>200万円</td><td>100万円</td><td>→0</td></tr>
<tr><td>病気等</td><td>400万円</td><td>100万円</td><td>50万円</td><td>50万円</td><td>→0</td></tr>
<tr><td colspan="2">介護支援</td><td>400万円</td><td>100万円</td><td>50万円</td><td>0</td><td>0</td><td>→0</td></tr>
<tr><td rowspan="3">入院</td><td>交通事故</td><td>5000円</td><td>4000円</td><td>3000円</td><td rowspan="2">1000円</td><td rowspan="2">1000円</td><td>→0</td></tr>
<tr><td>不慮の事故</td><td>3000円</td><td>3000円</td><td>2000円</td><td>→0</td></tr>
<tr><td>病気等</td><td>1500円</td><td>1500円</td><td>1250円</td><td rowspan="2">0</td><td rowspan="2">0</td><td>→0</td></tr>
<tr><td colspan="2">通院（交通事故）</td><td>1000円</td><td>1000円</td><td>0</td><td>→0</td></tr>
</table>

※新規加入は、満59歳まで

〔保険料〕（30歳〜85歳まで）		
	月額保険料	支払合計額
30歳〜85歳	1800円	118万8000円

（毎年割戻金があるので、実費はもっと少ない）

ポイント　年齢とともに、保障はどんどん少なくなる

⑩郵便局は、民営化されて変わったか？

「母さん、まだ郵便局に通っているの？」

息子の一郎（40歳）に聞かれた母親の貞子は、

「だってお前、お金を銀行に預けたって、紙より薄い利子しか付かないし、潰れる銀行はあっても郵便局は潰れたことないからね。保険だって郵便局の簡易保険なら、いざという時は国が保証してくれるじゃないの」と答えて、平然としていた。

「一昔前までは、確かに母さんの言う通りだったけど、今は民営化されて他の保険会社と一緒で、いつ潰れるかわからないよ」と、現状を把握しているのは一郎の方だ。

「そんなことは絶対にないよ。第一、郵便局が潰れるなら、その前に国が潰れるんじゃないの」

どうやら母親には、「郵便局は絶対に安全だ」という神話がしみこんでいるようだ。

一郎の話など、端から信用していない。

「母さん。そんなに言うなら、この前、僕の名前で入った『新・ながいきくん・ばらんす型2倍』という保険だけど、目の前で計算してあげるから見ててて」

一郎はそう言って、母親の前に電卓を持ってきた。

「この保険の1000万円の『基本保障』の保険料が月に41100円で、60歳まで払うと、合計で986万4000円になるでしょ。1000万円のために986万4000円は高くないと思うけど、それは60歳までに死んだ場合だけだよ。で、払い終わった翌日からの死亡保険金は一生涯500万円になっちゃうんだよ」

一郎がそう説明しても、母親はそんなことは納得できないという顔つきだ。

「だって一郎。保険の名前が『2倍型』となっているじゃない」

「それはあくまでも60歳までに死ねば『500万円の2倍』という意味で、結局60歳以降は500万円になっちゃう保険に、合計で986万4000円も払うことになるんだよ」

いくら一郎がパンフレットをもとに説明しても、母親は郵便局が正しいと思いこんでいる。

一郎の母親のように、郵便局の事業は国がやっている事業だから、絶対に安いし安全なはずだと、頭から信じて疑わない。

「郵便局の組織が変わったって、中身は昔とひとつも変わっていないし、窓口の人も前と同じ人が座っている。どこが変わったの？」という感じだ。

つまり一度「安全」とインプットされたら、生まれたばかりの小鳥の「刷りこみ」のように、簡単には神話が崩れないらしい。

「母さんが郵便局を信じて疑わないのはわかったけど、もう、僕の名前で郵便局の保険に入るのはやめてよ」

一郎はさらに母親に釘を刺した。

「それから、母さんがいくら『孫が可愛いから』といっても、うちの勝一郎の学資保険も郵便局にするのはごめんだからね」

「あら、勝一郎の学資保険は、私の年金で入ってやろうと思ったけど、それもダメなのかい？」

貞子は孫の勝一郎に郵便局の『新・学資保険』をプレゼントして喜ばしてやろうと思っていたのに、これも出鼻をくじかれた感じだ。

「母さんの気持ちはありがたいけど、500万円の学資金のために533万7000円も払うなんて、馬鹿馬鹿しいと思わない？　34万円近くも捨てることになるよ……それだったら、銀行に貯金してくれた方がよほど勝一郎のためになるし、母さんだって無駄遣いしなくて済むよ」

（郵便局に行けば、窓口の人は昔と変わらないのに、貯金や郵便や簡易保険も、どうして息子がいけないと言うのか理解できないわ……私は古いのかな？　信じていた郵便局は、そんなに頼りにならなくなっちゃったのか）と、貞子は恋人に裏切られたように、肩を落とした。

図６　民間生保・ＪＡ共済・かんぽ生命の保険料比較（養老保険）

（保険金 1000 万円あたり）

		55 歳満期	60 歳満期	65 歳満期
30 歳加入	民間生保	30510 円	24900 円	21060 円
	ＪＡ共済	31180 円	25660 円	―
	かんぽ生命	33400 円	27600 円	―
40 歳加入	民間生保	53910 円	40050 円	31660 円
	ＪＡ共済	54910 円	40720 円	32780 円
	かんぽ生命	57800 円	43000 円	34300 円
50 歳加入	民間生保	―	84530 円	55840 円
	ＪＡ共済	17 万 2590 円	85540 円	57840 円
	かんぽ生命	89000 円	59400 円	―

※民間生保の保険料は、無配当保険の保険料を適用

〔保険料〕（30 歳～ 60 歳まで）

	月額保険料	支払合計額
民間生保	24900 円	896 万 4000 円
かんぽ生命	27600 円	993 万 6000 円
	▲差額	97 万 2000 円

ポイント　かんぽ生命は、他の生命保険と比べて保険料が高い

ポイント　破綻しても、政府は保証してくれない（他の保険会社と危険度は同じ）

「郵便局神話」は、無くなって久しい

国鉄、専売公社に続いて、郵政事業も民営化され、郵便（日本郵便）、貯金（ゆうちょ銀行）、保険（かんぽ生命）がそれぞれ独立した事業団に分割された。その後、「効率のよい『トヨタ方式』で郵便局の作業状況を実際に検証したところ、A〜Eの5段階の中で、下から二番目のDとしか評価できなかった」という新聞報道があったが、緩慢な作業ぶりには評価員も驚くばかりだったと伝えられた。

郵便局を信じる、信じない、は個人の自由だが、数字で明確に損がわかる保険なのに、わざわざ郵便局を選ぶのは、時代錯誤でありナンセンスだ。

今のかんぽ保険は、ごく一部の年齢を除いて、ほとんどの人がどんな保険に入っても、受け取れる保険金より、払いこむ保険料の方が多い「**元本割れ**」状態だ（83ページ図6参照）。

また、**かんぽ保険が破綻しても、民営化以前のように、国が面倒を見てくれる訳ではない**ことだけは、しっかりと覚えていてほしい（民営化以前の契約は保障される）。

郵便局に行くのは、切手とはがきを買いに行くときだけにしたい。

⑪単体保険こそ「シンプル・イズ・ビューティフル」

ブルブルブルブル、ババーン、ガァーッと、電飾でゴテゴテと飾り立てたダンプカーが街を走る。車体についている電飾やアクセサリーだけで、優に1トンは超す重量を背負ったトラックを運転している35歳の阿部重雄は、みんなが振り向いてくれる視線を感じて得意顔だ。何も飾りのないトラックなんか、金のない貧乏人が乗るものだと思っている。

だからといって、重雄が「人もうらやむ金持ち」という訳ではない。まあ人並みで、独身の時は給料をすべて自分ひとりで使えたからに過ぎない。

重雄は、土建会社に車を持ちこんで、契約して働いている。普通のサラリーマンよりは、結構いい収入だ。重雄は、最近結婚したばかり。あるとき新妻の登紀子に、

「重雄さん、あなたはトラックで街を走る仕事なんだから、あなたのためにも私のためにも、しっかりと生命保険に入って下さいね」と、お願いされ、

「ああ、わかった。君の方は時間があるんだから、パンフレットを集めておいてよ」と、資料集めを頼んだ。

その翌日から、登紀子は生命保険会社に電話をかけまくった。登紀子が選んだ会社は、いわゆる「日本社」と言われている会社名が漢字の会社で、日本生命など「名の知れた大手の保険会社なら間違いないだろう」という、非常に単純な思いこみで選んだに過ぎない。

「きっと世間の人々も、保険会社を選ぶ時は、私と同じように『有名な会社』とか『大きい会社』という基準で選ぶのだろう。『会社が大きい』ということは、たくさんの人が入っているからだし、それだけ大勢の人が信用しているからだわ」と結論づけた。

こうしてふたりで相談して、「保険の名前が素敵だ」と感じた、第一生命の『新・堂堂人生』に入ることに決め、重雄の休日の土曜日に第一生命の人が来るように、登紀子が約束をした。

土曜日の午前10時半、約束時間ちょうどに、熊倉敏子が「第一生命・FPL本部・生涯設計デザイナー」という肩書きの名刺を持って訪ねてきた。地味な服装ながら、色白で小顔の、モデルのようにすらりとした美人だ。

「お電話で伺ったご予算では、毎月の保険料が15000円ぐらいでというお話でしたので、それに合わせて設計して参りました」と、設計書をふたりの目の前に広げた。

重雄が加入してから10年以内に死亡すると、登紀子に2600万円の保険金が支払われるという保険だ。それに、入院したら1日あたり5０００円が支払われる『医療特約』と、その入院が「生活習慣病」の場合、さらに5０００円が上乗せされるという保障内容だ。

「僕が死亡したら、2６００万円の保険でいいけど、あとはどんな特約があるの？　特約はできれば全部つけてよ」と、欲張りの重雄が説明を求めた。熊倉は、かばんの中からもう1通の設計書を出した。

「こちらは阿部様のご要望に応え、できるだけ幅広い保障が得られるように設計したものです」

それによると、死亡保険金の2６００万円は変わらないが、特約がズラリと並んでいて、それを見た、重雄のほほがゆるむ。そばで聞いていた登紀子は、

「重雄さん、こんなにたくさんの特約がいるの？　保険料も馬鹿にならないわよ」

すばやく電卓で計算した登紀子が、重雄のひじを突っつく。

「でも、特約はあればあるほど、幅広く保障してもらえるよ」

重雄の言葉にかぶせるように、熊倉は、

「そうですよ奥様。これだけ幅広い保障を持っていれば、何があっても安心です」と、重雄をいち早く味方につけようと、相づちを打つ。

「僕は、これがいいよ」

重雄の言葉で、熊倉が申込書を出した。

「こんなに安心できる保険は、他にはありありませんよ」

重雄は満足しているようだが、登紀子は何か釈然としない気持ちだった。


その夜、重雄は夕食の軽い晩酌で昼間の疲れが出たのか、風呂から出ると早々と寝てしまった。登紀子はひとり食卓で、第一生命の『新・堂堂人生』の設計書を開いて見ていた。

確かに、夫やセールス・レディが言うように、幅広い保障があれば安心は安心だろう。だが、特約といえどもタダではなく、しっかりとそれなりの特約保険料を取られるのだ。

登紀子は設計書を出して、保険料の中身を点検してみた。まず、「保険金に対する部分」と書いてあるが、それが『定期保険』なのか『終身保険』なのか、保険の種類が何も書いてない。保障額2000万円で、保険料5860円となっているだけだ。

登紀子は、それ以外の特約を書き出してみた。
①生存給付金に対する部分……保障額＝10万円、特約保険料888円
②特定疾病保障定期保険特約……保障額＝200万円、特約保険料1064円
③障害保障特約……保障額＝200万円、特約保険料822円

④特定状態収入保障特約……保障額＝２００万円、特約保険料４１０６円
⑤入院時保険料相当額給付特約……月額＝２２０００円　特約保険料２６４円
⑥災害割増特約……保障額＝１６００万円、特約保険料６７２円
⑦傷害特約……保障額＝１０００万円、特約保険料８４０円
⑧新総合医療特約…入院日額＝５０００円、特約保険料２５９０円
⑨新生活習慣病特約……入院日額＝５０００円、特約保険料２４５円
⑩介護特約……保障額＝２００万円、特約保険料３６８円
⑪定期保険特約（妻型）……保障額＝６００万円、特約保険料１６２０円
⑫特定難病特約……保障額＝２００万円、特約保険料１２２円
⑬特定損傷特約……保障額＝10万円、特約保険料５４０円

書き出してみて、登紀子は驚いた。設計書を漠然と見ていた時は気がつかなかったが、特定難病とか介護保障など、若い重雄にはまだ必要とは思えない特約もある。（人間は生身の身体だからいつ何が起こるかわからないけど、可能性をいったら、ここに書き出した以外の特約も全部入らなければ不安、ということになっちゃうし、何だか馬鹿げているわ）と登紀子は思った。

登紀子は書き出した特約保険料がいくらになるのか、電卓で計算してみた。

「保険金に対する部分」は保険本体のようだから別にしても、⑴から⒀までの特約保険料を足していくと、それだけで**合計１４１４１円**になる（91ページ図7参照）。「保険金に対する部分」の保険料５８６０円の２・４倍以上で、保険料全体の**7割強を占める**。

しかも、設計書を見れば見るほど保障のすべてが「掛け捨て保険」で、重雄さんはこんな保険でいいのだろうかと、登紀子は心配になった。

さらに、設計書に書いてある10年ごとの「更新」後の保険が、45歳からの10年間は３３８３５円、55歳からの10年間は６３０３９円に跳ね上がり、65歳からの10年間は、実に13万５８９円になる。

「そんな高い保険料、払えるわけがないじゃないの！」

登紀子は憤慨した。もし、保険屋さんのいうとおりに、75歳まで重雄さんが死なないで払っていったら、いくらになるのだろうかと、電卓に数字を入れてみた。まさか、私の数字の入れ方が間違っていたのかしらと、登紀子は2度も3度も計算をし直ししてみた。

「やっぱり間違いじゃないわ」

出ている数字は、２９６９万５６８０円。郊外ならば、立派な一戸建てが買える金額だ。

図７　重雄の設計書の内容（第一生命「新・堂堂人生」）

死亡保険金額＝ 2600 万円
入院給付金＝ 5000 円（生活習慣病は１万円）

	保障内容	保障額	保険料
	保険金に対する部分	2000 万円	5860 円
①	生存給付金に対する部分	10 万円	888 円
②	特定疾病保障定期保険特約	200 万円	1064 円
③	障害保障特約	200 万円	822 円
④	特定状態収入保障特約	200 万円	4106 円
⑤	入院時保険料相当額給付特約	月額 22000 円	264 円
⑥	災害割増特約	1600 万円	672 円
⑦	傷害特約	1000 万円	840 円
⑧	新総合医療特約	日額 5000 円	2590 円
⑨	生活習慣病特約	日額 5000 円	245 円
⑩	介護特約	200 万円	368 円
⑪	定期保険特約（妻型）	600 万円	1620 円
⑫	特定難病特約	200 万円	122 円
⑬	特定損傷特約	10 万円	540 円
		合計保険料 20001 円	
		（①～⑬の合計＝ 14141 円）	

〔保険料〕（35 歳～ 75 歳まで）		
	月額保険料	支払合計額
35 歳から 10 年間	20001 円	240 万 120 円
45 歳から 10 年間	33835 円	406 万 200 円
55 歳から 10 年間	63039 円	756 万 4680 円
65 歳から 10 年間	13 万 589 円	1567 万 680 円
	支払総合計	2969 万 5680 円

しかも75歳は平均寿命の手前なのに、それまでに死ななければこんな大金を第一生命に寄付するの？（いくら重雄さんが欲張りの見栄っ張りでも、この保険は許せないわ。明日になったら重雄さんに、この計算書を見せてあげよう）と、登紀子は電気を消して寝室に向かった。

特約は、すべて「掛け捨て」だと、忘れるな

目的や性格の違う保険を組み合わせたり、特約でボリューム満点に飾り立てた保険に入れば、一つひとつの特約保険料は安く思えても、合計すると必ず「主契約」の保険料よりもはるかにふくれ上がる。それは、コミッション（手数料収入）を1円でも多く稼ぎたい保険屋さんの「思うツボ」だ。

93ページ図8の表を見て頂きたい。**保険は何も組み合わせず、単体でシンプルな保険が一番望ましい。**余計な保険料を払わなくて済むし、管理もしやすいし、保険金や給付金の「不払い扱い」されることも、避けられる。

筆者は、この項を読んだ多くの人々が、これと同じ保険か、似たような組み合わせ保険（筆者はこの種の保険を『抱き合わせ保険』あるいは『アカウント型保険』といっている）に入っ

図８　「単体保険」ＶＳ「抱き合わせ保険」の比較

	単体保険 （特約がつかない保険）	抱き合わせ保険 （組み合わせの保険）
目的	・加入目的がハッキリしている ・目的に合致した保険を選べる	・目的の違う保険の組み合わせなので、加入目的に合致しなくなる
目標	・目標がハッキリ決められる ・目標に合致した保険を選べる	・目標の違う保険の組み合わせなので、加入目標を見失う
保障	・（原則的に）死亡時までの保障額が増減しない	・保険料払込満了後の死亡保障額が極端に低くなり、生活保障にならない
保険料	・基本的保険料のみなので、ムダがなく経済的	・主契約の保険金の何倍もの掛けすてのムダな保険料を支払うケースがほとんど
解約金	・ある（ただし普通定期保険であっても、配当金部分の解約返戻金のみ）	・あっても、累計支払保険料に対してごく少額しかない
解約 減額 変更	・一部分でも全部でも、自由にできる ・管理がしやすい	・部分的には、希望通りにできないケースがほとんど ・部分解約や減額により、特約も消滅するケースがほとんど
財産的価値	・定期保険などの掛け捨て保険を除き「終身保険」や「養老保険」は財産としての価値がある ・掛け捨て保険を除き、抵当権の設定もできる	・財産的な価値は、ほとんどない ・抵当権の設定は、ほとんどできない

※上記のほか、保険料の立て替え、借り入れ特約の処理などにおいても、**単体保険**の方がすべてにおいて有利

ている可能性が高いと見ている。

これは第一生命に限らず、他社の保険でも同じことだが、1日でも早く「ちゃんとした」保険に入り直した方が賢明だと言いたい。

ただし、「私はこの保険が気に入っている」という人には、この項は無用だろうが……

⑫もう一度、自分の保険証券を見てみよう

お金の管理で考えた場合、自分の財布にいくら入っているか常に把握している人と、逆にほとんど覚えていない人の2種類のタイプが存在するようだ。性格の違いだろうが、興味深い。

しかし、いくら几帳面な人でも、自分が加入している「生命保険の中身」を完全に把握している人は、せいぜい50人にひとりぐらいの割合だ。信じられないが、真実だ。

生命保険は、家族や自分自身を守る大切なもののはずなのに、なぜ、忘却の彼方に押しやられてしまうのだろうか？

ひとつには、現在から遠い将来にわたる長い期間の保障のことなので、「今すぐ何をどうする」という緊急性をそれほど感じない問題として、ふたつ目は人の命の生死のことなので、具体的に考えることをできるだけ、先延ばししたい心理が働くからだろう。

自分の保険の内容を正確に把握していないとすれば、それは生命保険会社のまさに思う壺だ。「消費者は何もわかっちゃいない」と、加入者の将来の損害のことなどお構いなしで商品を売りつけようとする、保険会社側の格好の餌食だ。「そんな馬鹿な」と思うのなら、一度、保険

証券を出して電卓を片手に、数字を打ちこんでみてほしい。

あなたが「一生涯安心できる」と思っている保険が本当によい保険で、お金を払う価値があるのか、また自分が期待していた内容と違っていないか、確かめてはいかがだろうか?

会社によっては、保険証券にとても難解な表示がしてあって、保障の「本当の内容」がわかりにくいことが多い。特に漢字系生保の場合、日頃数多くの証券を見慣れている筆者でも、誤った解釈をしそうになることがしばしばだ。

保険会社の証券の書式を考える人々は、わざと誤解や錯覚を誘発するように証券作りをしているのではないかと、疑いたいくらいだ。

一般の消費者が、正確に保険証券を読み取れるのか、とても心配だ。

保険証券を見る中で、押さえるべきことを箇条書きにすると、次のようになる。

①保険料は、何歳まで支払うのか?

②保険料の合計額は、いくらになるのか?（次の「更新時」の保険料がわからない場合

は、保険会社に金額を問い合わせること）

③保険料の支払い終了時までの死亡保障額は、いくらになるのか？　また、支払い終わった以降はどうか？

④②と③を比較してみる

以上を計算するだけで、その保険の保障内容が見えてくる。

生命保険は、あなたの家の貴重な財産だ。保険は、不動産に次いで大きな、長い期間にわたって支払い続ける買い物だ。

家や車のように目に見えないし形もないから、つい、比較・検討・計算をおろそかにしがちだが、それだけに一層慎重に検討してほしい。

✓ 保障内容を知ることは、節約につながる

保有している保険の保障内容を正確に知らずに、その保険があなたのニーズに合っているかどうかは、判断できない。

まず、保険証券と電卓を出して、ぜひ前出の①〜④を計算・確認して頂きたい。

良い保険か？　悪い保険か？　判断するための数字は、すぐに結果が出る。保障内容が自分のニーズに合っているなら、そのまま保有すればよい。

ニーズに合致していなかったら、その保険をどうするかを含め、新しい保険の検討もしよう。ニーズもそうだが、保険料の節約に直結することも間違いない。

なお、具体的にどこの保険会社のどの保険がよいかについては、２４２ページの㊵をご覧頂きたい。

最後に、繰り返し申し上げるが、保険の見直しとは「転換」することではない。

転換は、絶対にしてはいけない。

第２章

保険金・給付金を受け取れるの？

⑬入ってしまえば、こっちのもの？

今年35歳になった田口祥司は、最近、会社での仕事に少々スランプ気味だと感じていた。

祥司の仕事は、大手食品メーカーの営業。都内にあるスーパーへ食品を売るというよりも、品物を押し込む業務だからだ。とはいえ、いくら商品を押し込むといっても限界があり、ある一定量以上になると大幅な値引きを要求される。

また、ときには担当者や上役を飲みに連れて行ったり、ゴルフに誘ったりと、なかなか神経も使うし、店舗でエプロンをかけて試食品を並べ、販売促進を手伝わされたこともある。

学生時代は陸上をやっていたので、健康には自信を持っていた祥司だが、ある日、出勤しようと家を出る際、玄関先で急にわき腹に腹痛を感じ、吐き気をもよおした。

夕べは飲み過ぎた訳でもないし、食あたりするようなものを食べた記憶もない。妻の小百合の携帯電話に連絡して体調を聞いてみたが、彼女も特に変わったことはないという。

そこで、会社には「病院に寄るから」と電話をして、通勤途中の大学病院で診察してもらうことにした。病院に着いて、広い待合室のベンチに腰かけて待つこと一時間半。ようやく祥司の名前が呼ばれた。

診察室に入って医師の前に腰かけると、白髪の医師が「どうしました？」と尋ねた。

祥司は「今朝、急に腹痛がして…」と、痛みを感じる部位を示して症状を訴えた。

医師は、腹部、胸部、背中に聴診器を当て、脈をみてから血圧を測り「口を大きく開けて」と指示して喉の奥に光を当てて覗きこんだ。

「のどが少し赤くて微熱があるね。いつから風邪気味なの？」

「夕べは何も異状を感じませんでしたが…」

「カゼの引き始めでしょう。風邪薬を処方しておきましょう」

さらに医師は、

「念のため、内視鏡で胃を見ておきましょう」

と、祥司に内視鏡室へ行くように指示した。

内視鏡室では、鼻からスコープを入れ、テレビに映る自分の胃の中を見ることができる。かつての口から入れるスコープと違って「おえーっ」とくる違和感は何もない。胃はきれいなピンクの色で、その中に小さな白っぽいものが見えるようだ。神経性の軽い胃潰瘍のほかに、ポリープが3～4個あるので、つまんで病理検査することになった。

結果は一週間後で「悪質ではないので、切らなくても投薬だけで大丈夫だろう」ということだった。祥司は（こんなとき、医療保険に入っていたら心強いだろうな）と思った。日頃は保険のことなど考えもしなかったが、いざ、何かの病気になってみると、保険は心強い支えになると痛感した。

そこで（病気になってからじゃ、保険には入れないだろうな）と思いながらも、いつも新聞にデカデカと広告を出している『医療保険』のパンフレットを、電話して保険会社から取り寄せてみた。外資系の保険会社だが、契約数も国内生保の大手と肩を並べているし、信用の点でも大丈夫だろうと思ったからだ。

郵送されてきた申込書に、必要事項を書きこんで印鑑を押し、告知欄の質問を読んでみた。告知欄には「過去3年以内に、医師の診察・検査・投薬・治療などを受けたことがあるか」という質問があった。

先日病院へ行って、カゼと診断されたこと、内視鏡検査をしたことを記入しようと思ったが、カゼなんて病気の内に入らないだろうし、検査の結果も大したことなく「良性」と言われたからと、どちらも告知欄に記入はしなかった。

そして、祥司は申込用の書類を一式揃え、ポストに投函した（保険の申し込みといっても、

案外簡単なんだな）。ただ、告知のことだけは多少気になっていたが、

「しょっちゅう風邪を引いたりお腹が痛くなったりする人は、１年に何度も医者にかかるだろうに、そういう人はそれを全部書くのかな？　いや、きっと全部なんて書きっこないだろう」

「それに比べれば、俺の場合は１回だけで、ポリープも医者に『良性』と言われたのだから、何もないのと一緒じゃないか」と自分で決めつけてしまった。

10日ほどして、保険会社から保険証券が送られてきた。

祥司はそれを見ながら（保険に入れない人もいるだろうが、俺には保険証券が送られてきた。入ってしまえばこっちのものだ）と思った。

「さあ、これでいつ病気になっても安心だ」祥司は一種の安堵感を感じて、保険証券を机の引き出しにしまった。保険に入ったからといって、病気にならない訳ではないのに…

「入ってしまえば…」というのは、大間違い

映画館や野球場、サッカー場の場合、入ってしまえばそれぞれ観ることができる。

しかし、生命保険は「入ってしまえば安心」という訳にはいかない。

一般的に「入ってしまえば…」と思う人はおおむね、健康上に何らかの病気の懸念を持っている。したがって、そういう人ほど「健康な人と同じ保険に入りたい」と思って、病歴や病状を隠す人が多い。そして無事に入れれば「しめしめ」と思うようだ。

保険会社のセールス・パーソンの中には、成績を上げたくて「告知について説明しない」「虚偽の告知を薦める」こともあるようだが、正しく告知をせずに加入した保険は、保険金の給付金請求の時点で**「不払い」**の対象となることが多い。

また、昔は、保険会社同士で横の連絡がなかったが、現在では保険金・給付金の支払い歴が、コンピューターで即時に判明してしまう。

よって、以前に虚偽申請の前科があれば、場合によっては申し込み時に「謝絶（加入お断り）」もありうる。告知だけは正しく正確にしないと、損をするのはあなただ。

なお、**保険金請求の際に告知義務違反が判明すると、保険金が不払いになるだけではなく、保険の契約は無効となり、それまでに支払った保険料も返還されない。**

告知は、正しく正確にしよう。

⑭「告知」をする側、受ける側、立場が違えば……

小島源次郎は、このごろ疲れ気味なので、用心のため『医療保険』に入っておこうと考えた。

そこで、保険会社のセールス・レディ柴田幸代に、会社で行った集団検診の結果を伝えると、

「小島さん、だいぶ血圧が高いですね、この数値だと、ひょっとしたら『条件』がつくかも知れませんよ」と言われてしまった。

源次郎は、医療保険に入るため、告知書にどのように書けばよいかを相談してみた。

「…でも、血圧が高くなったのは、このところ急に仕事が忙しくなって、過労気味で睡眠不足のせいだと思うよ。忙しさが終われば、また元に戻ると思うけど…」

血圧が高いと検診で指摘されたのは初めてのことだし、疲れが取れればすぐに正常に戻るのだから、大したことじゃないと、源次郎は考えていた。

「ちょっと前まで高くなかったのでしたら、『最近、仕事が多忙になったため』と、原因を書きこんでおいて下さい」

柴田に言われた通り、源次郎は告知書に記入して託した。

「あとは、本社の医務室が査定しますので、結果がわかりましたらお知らせします」

保険の申込書類一式をもらったお礼を言って、柴田はニコニコ顔で帰って行った。

それから1週間ほどして、柴田は告知の結果を知らせに源次郎の元へやってきた。

柴田は、とても言いにくそうに
「小島さん…残念ながら『謝絶（保険の加入お断り）』になってしまいました」

「エーっ、どうしてなの？　血圧だって上下が標準値より15ぐらい高いだけだし、それも最近なったばかりだから、仕事がひまになれば正常に戻ると思うけど…でも、それが原因なの？」

聞かれた柴田も困り顔で、

「医務室の査定は、何が原因で決定されたのか、私たちにも教えてくれないんです…」

と答えた（保険に入れなかった小島さんも残念でしょうが、成績を1件逃した私も口惜しい）。

「でも、どうして本人なのに、何が原因でダメだったか、査定結果を知らせてくれないの？」

個人情報といっても、それは僕の個人情報じゃないかと、源次郎は不満に思った。

「結果として、僕はもう保険に入れないってワケ？」

「一度謝絶になると、しばらくは難しいと言われています」と、柴田も言いにくそうだ。

「その『しばらく』というのは、どのくらいの期間なの？」

ちょっと血圧が上がったくらいで保険に入れないのなら、世間には保険に入れない人が、ゴマンといるんじゃないか？　それにしても、保険会社は厳しすぎるのでは？（癪《しゃく》にさわる。もう、この保険会社の保険になんか、絶対に入ってやるものか！）と源次郎は心底思った。でも、保険には入りたいので、他の保険会社でも当たってみようかな？　どの会社の査定が、厳しくないだろう？　次に当たってダメだったら、片っ端から申し込んでみるか。「謝絶」を不愉快に思った源次郎は、やけっぱちのような気分でいた。

告知はとても大切。でも「勘違い」が多い

小島源次郎氏のような例は、世間ではとても多い。

保険に入りたい側としては、できるだけ健康に「問題なし」と見てほしい一方、加入を受け入れる保険会社側から見れば、源次郎氏のように「最近血圧が高くなった」人の場合、まずは高くなった原因が何なのか、不安が払拭されないために歓迎しないのが現実だ。

同じ高血圧でも、急に血圧が高くなった人より、数年前から血圧が高く、定期的に医師の診察を受け、薬（降圧剤）できちんと健康管理している人の方が、実は減点が少ない。

これは、他の病気でも同じで、例えば健康診断や集団検診で「要検査」「要観察」と指摘され、再検査の結果「問題なし」「良性」と診断書をもらっても、保険会社は「原因がわからないこと」を嫌って、「条件」をつけたり「謝絶」にしたりする傾向がある。一般の人々は『再検査で問題なし』という結果が出れば、大丈夫じゃないか」と思うが、保険会社は、何らかの兆候が発見された原因がその後、どのように発展するか「**わからないこと**」を重視するからだ。

さらに、保険会社が源次郎氏を「謝絶」にした理由に、「過労」の告知が考えられる。

保険会社が一番嫌うことは、加入して数年のうちに「自殺」されて保険金を払うことだ。「『過労』は病気じゃない」と思っている人は多いが、「過労死」は英語の辞書にも「KAROUSI」と載っており「MOTTAINAI」と並ぶ国際語で、立派な病気なのだ。

なお、「過労」と同様に、一般の人々が「たいした病気じゃない」と思っても、保険会社が嫌うものに「鬱《うつ》」「睡眠不足（不眠症）」「更年期障害」「喘息《ぜんそく》」「薬物依存」などがある。これらの症状を持っている人は、本人がそう思わなくても、保険会社からみれば「自殺予備軍」と考えている。

保険会社は、「『健康体』でなければ入ってほしくない」というのが本音である（逆選択とも呼ばれる）。告知に関しては、次の項も熟読して頂きたい。

⑮進んで病気になる人、病人を作る人

「どうしてこうも、宝くじが当たらないのだろう…俺には運がないのかな」

ジャンボ宝くじを９０００円分も買ったが、今回も残念賞の９００円にしかならなかった長谷川正弘は、いつかは３億円でなくても、せめて１０００万円か、それが無理なら１００万円でも当たらないかと、常に淡い期待を持っている。

宝くじは、買ってもなかなか当たらないが、買わなければ、なおさら当たることはない。でも、宝くじには当たらなくても、人間は誰でも「宝くじ以上の確率で、いつかは絶対に当たるもの」を持っている。それは、生きとし生けるものに必ず訪れる「死」だ。

今年で40歳を迎えた働き盛りの正弘も、20代や30代のような体力はなくなってきたし、気力も、若いときの攻めの考え方から、少しずつ守りに変わっていることに、何気なく気がつくことがある。そんな正弘が勤務するのは、ＩＴ関係の会社だ。

中間管理職なので、上からも下からも目に見えないプレッシャーがかかり、忙しくて残業しても、平社員のときのように残業代はつかないし、少しばかりの管理職手当てで実収入は減り、妻にも苦労をかけている。しかも最近の部下は、残業してほしい状況でも「今日は約束がありますから」などと、定時でさっさと帰ってしまうので、結局、正弘が夜遅くまで残って、仕事をこなさなければならないこともしばしばだ。

「あーあ、疲れた」と、大あくびをして、正弘は壁の時計を見た。針は12時近くを指している。事務所には誰も居ない。正弘ひとりだ。もう帰らないと、終電もなくなってしまう。

背広を取って事務所の鍵をかけ、駅へ急いだ。携帯で「〇時の電車に乗ったから」と妻の寿美江に電話をすると、最寄り駅に着く頃を見計らって、寿美江が車で迎えに来てくれる日常だ。寿美江はいつものように、終バスが出てしまった駅前のバス停に車を停めて待っていた。

「あーあ、疲れた」

「お疲れさま」

寿美江は、パジャマの上にガウンを羽織って、車を運転してきた。彼女は専業主婦だが、かつて正弘と同じ会社に勤めていたので、勤務状態は知っていた。しかしそれでも、正弘の様子はかわいそうだと感じていた。

「あなた。忙しいせいもあるでしょうけど、このごろ顔色が良くないわよ」

寿美江にそう言われて正弘は

「疲れたのを通り越して、もう過労気味だよ」と、車のシートに深く沈みこんだ。

寿美江は心配して

「病気になってからじゃ遅いから、お医者さんに診てもらって、何か疲れを取るお薬を処方してもらった方がいいわよ」と、診察を受けるように勧めた。

「そうだな。このところ疲れているのに、どうしても眠れないことが多いから、病気にならないうちに一度医者に診てもらった方がいいな」

明日は、会社のそばにある内科医院に行ってみよう。

そんな会話をしているうちに、車は家に到着した。

翌日、正弘は会社の近くにある内科医院に、昼休み前に行った。

「長谷川さん、どうしました？」

白衣を着た医師の松本は、正弘のカルテを見ながら質問した。

「前回は胃痛のようですが、今回はどうしました？」

「このところ、仕事が忙しくて過労気味で、熟睡できなくて睡眠不足なんです」

胸に聴診器を当てられながら、正弘は現状を訴えた。

松本は、聴診器を胸と背中に当ててから「呼吸器系には異常なし、不眠症・過労気味」とカルテに書きこんだ。

「血圧も正常だし、特に異常はないように思えますが、念のために血液検査と尿検査をしておきましょう。睡眠不足は病気のうちに入りませんから、睡眠を充分にとれば過労は改善されますよ。薬を出しておきましょう。看護士に採血と採尿をしてもらって下さい」

カルテに「××××錠　◯ミリグラム1回1錠　1日1回」と一番程度の軽い薬名を書き加えた。正弘は、処方箋を受付で受け取って薬局に行き、薬をもらうと「今晩からこの薬でぐっすり眠れるぞ」と一安心した。

正弘の睡眠不足には波があり、たまにぐっすりと熟睡できることもある。振り返ればそれは、仕事が順調に進んでいるときだ。しかし、会社から割り当てられた数字がこなせないときは、気持ちが落ちこんで軽い鬱状態になることもある。

「鬱」は、自分自身で気がつくこともあるが、何かのきっかけで深く落ちこんだときは、正常に立ち直るまで時間がかかることもある。あるとき、寿美江が鬱状態に気づき、

「あなた。心療内科へ行って、気分が高揚するお薬でももらってきたらどう?」

と勧めた。正弘は（投薬でこんなに重い気分から開放されるのなら、それも試してみる価値は

あるな）と思った。そして心療内科のある大学病院に行き、初期症状用の薬を処方され、服用した。すると、薬の効果か、気分が少しは軽くなったような気がした。

それからしばらく経って、正弘が加入していた10年満期の『定期保険』の満期が、あと3ヶ月でやってくる時期になった。

42歳になった正弘は、10年ごとに保険料が上がる掛け捨ての定期保険をやめ、貯蓄性もあって一生涯保障のある『終身保険』に切り替えようかと、寿美江と相談してみた。

早速、寿美江は色々な保険会社に電話をかけまくり、パンフレットと設計書を10通ほど集めた。その中には、かねてから本を読んで得た知識で「アカウント型保険」を売っている漢字系保険会社は、除いてある。寿美江は10社の中から、特に信頼できそうなS社、O社、T社、I社の4社に的を絞り、加入したい保険を「積立利率変動型終身保険」に絞って焦点を当て、4社の設計書を比較してみた。

そして、最終的にS社とI社のどちらにしようか迷ったが、S社に好感を感じて保険の加入申し込みをした。

S社から来た正弘と同じ年の男性営業員は、「積立利率変動型終身保険へ加入されるのでしたら、もう少し保険料の安くて死亡保障を重点とした『変額終身保険』はいかがですか？」と、変額保険を勧めた。しかし、正弘が内容を良く見ると、「変額終身保険」は運用先を自分で選ばなければならないとわかり、投機や投資にあまり関心のない正弘は、気乗りがしなかった。

それでも熱心に勧めてくれるので、「積立利率変動型終身保険」500万円と「変額終身保険」500万円の半分ずつに加入することにした。申込書にサイン・捺印をして、「告知書」には「最近3ヶ月以内に、医師の診察・検査・治療・投薬を受けたことがありますか」の設問で「はい」に○印を書き、内容の詳細説明欄に過労や不眠症は病気とも言えないからと思って「過労で不眠症になり、睡眠薬を処方され服用」と書き、「鬱だって、人に気づかれないほどだから、どうということもない」と思い「軽い鬱気味になり、診察を受けて薬を服用」と記入した。

書きこんだ症状の2点とも「血圧が高い」「ポリープがある」と違って、病気らしい病気でもなく、告知しても無事に通過できると、気にもしなかった。

ところが1週間後、S社から「謝絶（保険加入はお断り）」という結果が知らされた。

正弘と寿美江はふたり同時に「エーッ」と、絶句した。「過労は病気じゃないだろうし、鬱だって他人にはもちろん、ときには自分でもわからないほど軽い症状なのに」と、不思議でならなかった。一気にS社に寄せた信頼は吹き飛び、不快感だけが残った。

「S社が駄目ならI社に」と、同じように告知をして申し込んだが、結果はI社も「謝絶」だった。それならば…と、T社・O社にも申し込んだが、結果はすべて「謝絶」。

ふたりともで落ちこんでしまった。

「僕は、この若さでどこにも保険には入れないのか。病気らしい病気もないのに、どうしてなんだ」こんなことが原因で、正弘の鬱が知らない間にどんどん加速するのじゃないかと、寿美江は心配でならなかった。

病気は自分が作るだけではなく、医者が病人を作ることもある

長谷川正弘氏の例は、彼だけの特別な現象ではなく世間一般に広くあり、日本の勤労者がいかに疲れているかの象徴だ。近年、人間関係の軋轢《あつれき》から心労を訴える人が激増中（特に教育者に多い）で、それらの患者を診る「内科」や「心療内科」の患者が増えている。

一方、生命保険会社は健康や生活に問題のない正常者よりも、「自殺」につながる可能性が高い「過労」や「鬱」「更年期障害」を嫌っている。

だからといって、それを隠して告知しても、この種の病気は保険金支払時の追跡調査で「告知義務違反」が判明することが多く、保険金は不払いとなり、保険料も原則的に返還されない。没収だ。

「自分は病気だと思っていない」状態でも、**医者の診察を受けて処方箋を出してもらった段階で、立派な重症患者**とみなされてしまうのだ。つまり、自らが医者と共に、保険の「謝絶患者」または加入できても「厳しい条件」がつく患者を作り上げてしまう。

保険加入が「謝絶」になる例は、他にも「喘息《ぜんそく》」「重度の不眠症」「薬物依存」などがある。症状が軽ければ病気じゃないと本人が思っても、生命保険会社の「加入者の公平」という観点から見ると、実は重大な症状に発展する可能性を否定できないからだ。特に「自殺」につながるような症状の場合、健康保険の使用状況まで調べれば、いくら無告知や虚偽の告知をしても、判明した時点で不払いとなることを知っておこう。

仮に正しい告知をして「条件」がついたり「謝絶」された場合は、健康優良者よりも『健康状態に注意しなさい』と警告されたものとして、健康管理に注意を払うようにしよう。告知をごまかして「入ってしまえばこっちのもの」と思うのは、墓穴を掘るもとだ。

なお、告知を厳重審査する会社の保険ほど、保険事故があったときの支払いも確実で早い。

逆の見方をすれば、告知条件が誰でも入れるような保険は、不払いに遭う機会も多いようだ。

ところで、集団検診などで「××の疑い『要・検査』」と指摘され、検査してみた結果「異常なし」「正常」ということがある。

保険加入者側から言わせれば「『要検査』と言われても、検査の結果が『異常なし』なら、健康体と同じだろう」と思うが、保険会社としては「最初の診察で『要検査』と指摘されたことが重要で、何もない健康体とは違う」という見解なのだ。

これも「加入者の公平」という観点で見れば、ちょっとでも危険性があれば、排除するのも仕方のないことだ（危険度については、１１９ページ図９参照）。

さらに、日常的に気をつけたいことは「カゼ」を引いていたら、完治するまで絶対に保険の申し込みをしないことだ。「カゼぐらい」と簡単に考えがちだが、カゼも保険会社がとても嫌う病気のひとつだ。なぜなら、ほとんどの病気の初期段階はカゼの症状と似ていて、それが重病に発展しないとも限らないからである。

カゼというだけで「謝絶」になるケースも、実に多い。

日頃から、健康管理に留意して頂きたいと思う。

最後に筆者が願うことは、鬱や過労・不眠症・更年期障害になったからといって、安易に医

者にかかる前に、

・食事の習慣を変えてみる
・労働に対する心構えを見直してみる
・趣味を充実させてみる
・常に気分転換を図ってみる
・睡眠時間を多めにとってみる

など変化を求めて、それでも改善しなければ専門医の意見を聞いてみることだ。

ただし、診察は精神的なケアを聞くのにとどめ、**すぐに薬を処方してもらうことを避けるの**が肝心だ。

また、医師の方々にもお願いしたい。前記のような症状で初診に訪れた患者に対して、薬を処方した段階で、その患者は今後一生涯、生命保険に加入できない重荷を背負うことになると理解して頂いた上で、まずは精神的なアドバイスを重視して、初回から簡単に処方しないで頂きたい、とお願いしたい。

図９　体況による保険会社の簡易分類表

①健康体	・健康状態に何も問題のない人 ・無条件で加入できる
②恒常体	・何らかの疾病があって、良くも悪くもならず、そのままの状態が続いている人 ・病気によっては、逓増体になる可能性を秘めている ・必ず条件がつく
③延期体	・何らかの疾病があっても、症状が年月の経過と共に安定して、恒常体または健康体まで回復すれば保険に入れる人 ・体況が安定するまで、加入できないことが多い
④逓減体	・何らかの疾病があっても、その状態が年月の経過とともに軽減される疾病の人 ・必ず条件がつく
⑤逓増体	・何らかの疾病があり、その状態が徐々に進行していく（進行が止まらない）疾病の人 ・ほとんどが謝絶か、加入できても重い条件がつく ・高血圧症、がん、肝臓病、腎臓病、心臓病、糖尿病など、本人の自覚があまりないうちに悪化・進行することが多い

※⑤から④→③→②→①と改善される例は少ない。⑤の病気にならないように気をつけよう

⑯ 隣は何をする人ぞ

「医療保険の入院給付金を、上限の日額2万円で加入して2ヶ月も入院すれば、4ヶ月は遊んで暮らせるな」

岡村俊一郎は、妻のさき子に冗談交じりに言った。

「でも、この間来た保険のおばさんの話だと、既に違う会社に入っていたら、合わせて2万円までしか入れないって聞いたわよ」

さき子は、5歳の娘を寝かせるためにパジャマに着替えさせながら答えた。

「そうかな？　保険会社なんて契約の取りっこで競争し合っているんだし、会社が違えばきっとわからないと思うよ」

「そうよね……それなら、できるだけいろいろな会社に入って給付金をもらって、そのうえあなたの会社は病欠手当てが出るから、家計は大助かりだわ」

「おいおい、だからといって、そのために僕が病気になる訳にはいかないよ」

俊一郎は冗談じゃないと慌てて返事をした。

世間には、俊一郎とさき子の会話のように、保険会社は互いにライバル同士なので、保険金額・給付金額の上限を超えて加入しても情報交換することはなく、ましてやどこの誰から契約を取ったなどという情報はまずわからないと思っている人が多い。

まさに、「隣は何をする人ぞ」感覚だ。

確かに、かつてはそのような時代もあった。生命保険業界は、ひとつのパイを取り合う狭い世界で、ライバル会社に対しては秘密主義がまかり通っていた。

しかし、「炭鉱不況」の時代、生活に困って自分の指を自ら切り落として給付金を受け取る事件が多発したことがきっかけで、給付金の上限が決められた経緯がある。

俊一郎とさき子のような考えを持ったとしても、上限を超えた給付金はもらえず、その分の保険料はムダになるだけだ。

✓保険会社の横の繋《つな》がりがないと思ったら大間違い

昔の日本には、「隣組」という名前の組織があった。

これは、隣近所の数十軒がひとつのブロック、「組」としてまとめられ、治安・管理・連絡・

清掃など互いに協力し合う組織だった。また「向こう三軒両隣」という言葉もあり、両隣で米や味噌などを貸したり借りたりが日常的な間柄で、緊急のときは助け合うのが当たり前のことだった。

ところが近年は、向こう三軒どころか両隣の人すら、どんな人が住んでいるかわからないのが一般的な状況だ。同じ場所に20年30年と住んでいても、隣人が普段何をしているのか知らないことは、珍しくない。

同じような感覚で生命保険を考えている人は非常に多く、驚くばかりだ。

生命保険に加入するときは、年齢・職業・職種・収入によって、同じ保険でも加入できる保険金額の上限が決められている。

そこで、希望の保険金額に達しない人が「申し込む会社が違えばわからないはずだ」と複数の保険に入ろうと考える人は意外に多い。

しかし今は、各生命保険会社が申し込みを受けつけた時点で、契約内容を「**(社)生命保険協会**」に登録する仕組みになっているので、合計の保険金額が上限を超えた場合はすぐにわかるようになっている。

また、保険金・給付金をもらおうと申請した際にも、「**支払査定時照会制度**」によって、

①被保険者の氏名・生年月日・性別・住所
②保険事故発生日・死亡日・入院日・退院日・対象となる保険事故（照会日から5年以内）
③保険種類・契約日・復活日・消滅日・保険契約者の氏名および被保険者との続柄・死亡保険金受取人の氏名および被保険者との続柄・死亡保険金額・給付金日額・各特約内容・保険料および払い込み方法

などが速やかに照会されるので、この時点で問題が発覚すると保険金・給付金は「**不払い**」になりかねない。

「申し込む会社が違えばわからないだろう」というのはとんでもない誤解で、**不経済の元**だと知って頂きたい。

⑰夫婦は、一心同体なのか？

「お前百まで、わしゃ九十九まで」や「偕老同穴《かいろうどうけつ》」の諺《ことわざ》のように、夫婦円満で仲良く長生きしようという風潮は、今や土俵の外に押し出され「死に体」となってしまったのか？

代わって「成田離婚」どころか「結婚しない族」が増え、人口の減少にいつ歯止めがかかるのか心配だ。それによって、経済に限らず全ての面で縮小・衰退し、国力の低下に直結する。

青木幸一と英子の夫婦は、友人や近所からも「おしどり夫婦」と言われ、とても仲がよい。どこへ行くのにも一緒、というよりは、一緒じゃなければどこへも出かけないといった按配《あんばい》だ。子宝にも恵まれ、今どき珍しく2男3女の5人の子供がいる。

夫の幸一は弁理士で、弁理士5人の特許事務所に勤務している。年収も1千万円程度はあり、生活に困る経済状態ではない。おまけに一戸建ての家のローンも3年前の55歳のときに終わり、あとは大学生のふたりの子の学費を心配するぐらいで、のんびりした生活を送っている。

一方、幸一は数字がとても苦手で、保険の設計書などは面倒くささが先にたち、ジグソーパズルを見るような気分になるので、結局、青木家の生命保険を含めて家計は英子が全て管理して、役割分担が暗黙のうちにできていた。

青木家の生命保険は２本あって、１本は「ニッセイ・ロングランＥＸ重点保障（更新型）」、もう１本は第一生命の「パスポートＵ」という保険だ。どちらにも「家族定期保険特約　妻・子型」の特約がつけてある。英子がどちらにも特約をつけたのは、妻や子が単独で保険に加入するより、保険料が少し安くなると思っているからだ。彼女とすれば、家計に大いに貢献した気分だ。何よりも、１本の保険に家族全員が加入している安心感が、とてもよいと思っている。

幸一が58歳になり、そろそろ還暦も近いので、その前に保険を見直そうと幸一に相談したところ、案の定「英子に一任」になった。英子は早速、保険会社２社の担当者に連絡したところ、それぞれ「早速お伺い致します」と、飛ぶようにやってきた。

そして、ニッセイは保障額が１・３倍の保険に、第一生命の方は「わんつー・らぶＵ」という保険に「転換」され、すべて英子が手続きした。英子は「転換」がどういうものかよく知らず、保険料があまり上がらずに保険金が多くなることに「ありがたい」と思うだけだった。

それから2年の月日が流れて幸一は還暦となり、同時に定年も迎えた。

定年と同時に、それまで月々負担になっていた生命保険の保険料も支払い終わったので、幸一も英子も「これで出費が減る」と、ホッとしていた。また仕事は、60歳ではまだ若いということで、収入は少し落ちるが「嘱託」という名目で続けられることになった。

さらに2ヶ月ほど経ったとき、末娘の美紀子が盲腸炎で一週間入院したが、幸い、手術も何事もなく終わり、5日間で無事に退院できた。

英子は、生命保険の「妻・子型」の『医療特約』のことを思い出し、保険会社に給付金の請求書を送ってくれるように電話をした。

しかし、応対に出たカスタマーセンターのオペレーターからは、

「ご契約の『家族保障』は、幸一さまが60歳の時点で保障は終了しています」との答え。

「そんな訳はないわ。夫が終身保険なのだから、妻や子も終身守られるのでは？」と英子は思ったが、これが大きな誤解だとは全然気がつかなかった。

よく調べて見ると、夫の医療保障は60歳で終わり、妻や子の保障も同時に終わる仕組みだった。そんなこととは知らなかった英子は、これからどうしたらいいのか迷うばかりだった。

✓ 保険は、個人がそれぞれに入るもの。付録はしょせん付録

青木幸一・英子夫婦が子供を含めた「妻・子型」の『ファミリー特約』に入ったのは、個々

に入るより、保険料が安いと思ったことがあるのだろう。

しかし、これは大きな間違いで、**夫が死亡したときに「妻・子」の保障も消滅することが多い**。もし、夫が早死にならば、妻や子が新たな保険に加入するにも年齢が若くて保険料も安く、条件のつかない健康状態のうちに加入できるだろう。

一方、夫の死亡年齢が高い時点で保障が切れると、妻や子が新たに保険加入するときには、それだけ高い年齢となり、保険料も高くなる。しかも加入できればよいが、それまでの病歴や体調によっては、加入できない危険性も無視できるものではない。これは危険で重大なことだ。

さらに、青木夫婦の重大な問題（これもよくあるケース）は、加入時の申し込みに幸一が関与せず、「契約者」「被保険者」は幸一が自署すべきなのに、すべて英子が代筆したことだ。自署（本人のサイン）とは、「この保険契約を承諾します」という意志表示の表れで、自署でない契約は、本人が承諾していないとして、保険会社は何年経っても契約の無効を主張できる。

この英子が幸一の署名を代筆した契約は、保険金・給付金を支払う段階になって、保険会社が支払いを拒否できる内容となっている。

もちろん、その場合は「無効契約」として不払い対象となり、それまでの保険料は没収される。まさか、あなたはそんな契約を、持っていないでしょうね……

⑱「格好よいファッション」と生命保険の関係

渋谷や原宿などの繁華街を歩くと、若者がタンクトップで腕をあらわにして闊歩《かっぽ》しているのを見かける。若者の間では、格好よいファッションなのだろう。

池田里奈は、青春真っ盛りの大学3年生だ。友達の理沙と景子の3人で連れ立って渋谷のセンター街によく遊びに行く。「109」で買い物をするのも好きだ。

今日もメールのやり取りをし合って、ハチ公前に3人で会うことになった。

「景子、それシールを貼ったの？」

景子の腕にある蝶のタトゥを見て、理沙が尋ねた。

「ううん。シールなんかじゃないよ、本物だよ。ケンが『一緒に入れよう』って言うから、一週間前にアイツと一緒に入れたんだよ」

景子は、得意そうにタトゥの入った腕をなでた。

「入れるとき、痛くなかった？」

「そりゃー、すげー痛てーよ。でも、その痛さを我慢するのが格好いいのさ。ケンなんて、この3倍ぐらいの大きさのを入れてさ、歯ァ食いしばって我慢していたよ」

痛いのを我慢するという美学を、身につけたような気分になっていた。

タトゥは「入れる」のではなく、本当は「彫る」という。文字通り、皮膚に絵を描き、それを針の先で彫るようにして皮膚に埋め込んでいくのだ。里奈も、タトゥを入れて私も格好よく強く見せたい、どうせ入れるなら景子よりもっと大きな絵を身体につけて、景子や他の連中に負けたくないと思った。

こうして里奈は、頭から尻尾まで20センチもある、錦鯉の刺青を入れた。日頃は洋服で隠しているが、裸になれば鯉の絵が躍動しているように見える。見せたい人にしか見せないという、里奈の美学なのだろう。

そういう「やんちゃ」をしても、年頃になれば結婚もするし子供もできる。一説にはグレていた子ほど、家庭を持つと堅実な環境を作るとも言われている。里奈も近頃流行の「デキちゃった婚」ではなく、母親の世話で見合い結婚して「西田里奈」となり、女の子も生まれた。

子供ができると、子供はもちろん夫や自分にも保険が必要だと思って、まずは『医療保険』に入ろうと考えた。そしてこれも母親の紹介で、保険屋さんの寺島に来てもらった。

寺島からは、

「お子さんは『こども保険』に入れますが、『医療保険』は3歳にならないと入れません」と説明されたので、とりあえず夫婦ふたりの医療保険に入ることになった。

「医療保険加入申込書」にそれぞれが署名捺印し、「告知書」の「ハイ」「イイエ」に◯印を書き込む際、寺島から「…刺青はありますか？」と尋ねられた。

里奈は「変な事を聞くな？」と思いながらも、刺青は病気でもないし、単なる趣味のようなものだと思い「ハイ」と答えた。

「どの部分に、どのくらいの大きさでありますか？」

人に見せたいと自慢する気持ちもあって、シャツをまくって背中の錦鯉のタトゥを見せた。躍動感にあふれた錦鯉が、里奈の背中で踊っていた。

寺島は、タトゥの大きさを手の平で測り、それを告知書に書き込んだ。

その他には、里奈も夫も健康に何の問題もなく、保険加入は時間の問題と思われた。

保険の申し込みをしてから10日経ち、保険屋さんの寺島が結果を報告に来た。

「西田さん。ご主人の保険は問題なく成立したのですが、残念ながら奥様の方は『謝絶（保険加入お断り）』になってしまいました」

「えっ、どうしてですか？　私、何も病気をしたことがないのに……」と絶句した。理解できないし納得がいかない。どうしてなんだろう。告知書の中身だって夫と同じような答えだったのに、どうして私だけが……？　足元の砂が崩れる感じだ。

「審査の結果は、私にも正確にわからないのですが、多分、刺青のことでは……」

寺島にすれば、保険に入れなかった里奈のことより、2件とれる契約が1件になった方が重大な関心事だ。それでも、言いにくそうに自分の思っていることを説明した。

「刺青をしている人は、肝臓関係の病気の危険性が高いので、それで『謝絶』になったのだと思いますよ」

「刺青と肝臓が、どう関係あるの？」

「私では詳しいことがわかりませんので、今度来るときまでに詳しく調べておきます」

里奈は、暗闇でいきなり頭を殴られたような気分になり、保険に入れない自分に「これからどうしようか」と、ボーっと放心状態だった。

タトゥは、自分の世界を狭くする

最近、若者の間で流行しているタトゥ（刺青、ファッション・タトゥも含めて）は、自分の健康と生活に重大な影響を与える可能性が強い。

保険会社が、タトゥに関して一番嫌うことは、彫るときに針から感染する「**C型肝炎**」だ。人によっては潜伏期間が何十年と長く、発病すると治療も困難で死亡率も高い。保険会社が嫌うのも当然だ。ごく小さなタトゥ（せいぜい10センチ四方ぐらいまで）であれば、「肝臓関係の病気は保障しません（不担保）」で、加入できることもある。

しかし、それでも加入できる会社は数社しかなく、原則はどの会社も「**謝絶**」だ。

さらに、刺青が幅を利かせる世界は、喧嘩や傷害事件も多く、それだけケガや死亡の危険性が高いとみなされる。日常生活でも、ゴルフ場の風呂やプールに入れないなど、制約はある。タトゥを入れた俳優や女優がいくら格好よく見えても、それはあくまでも画面の中だけのことだ。格好がよいと思う反面、それなりの覚悟が必要だ。

なお、「刺青が見えない所にある」からといって、「ありません」と虚偽の告知をした場合は、保険金・給付金の受け取り時に発覚すると契約が無効となり、保険金は不払いで保険料は没収される。もし読者で、**既に刺青がある人は、より一層、健康に気をつけてほしい。**

タトゥに憧れたとしても、せいぜいシールを貼るぐらいで我慢した方が賢明だ。

⑲保険金と解約返戻金の関係

生命保険会社が一番喜ぶ契約は、加入後は死亡もせず、病気にもならないで、できるだけ保険料を長期間払ってくれて、満期の直前か払い込み期間満了直前に「契約を失効」させてくれるか、さもなければ直前に「解約」してくれることだ。

そうすれば、保険金は払わなくて済むし、保険の種類によっては「解約返戻金」も払わなくて済む。結果的に、保険料を丸々頂ける可能性が高くなる。

それがダメなら、せめて保険金の支払いを少しでも先延ばししたいので、「できるだけ長生きしてほしい」というのが本音だ。特に、漢字系生保の格言には、

「保険料はできるだけかき集めろ、保険金はできるだけ払うな」

とあり、先ごろの各社の不払い問題は、この格言を忠実に守った感がありありだ。

ところで一般的に、貯蓄性が高い保険ほど保険料は高く、それにしたがって解約返戻金も多い。逆に、貯蓄性が低い掛け捨ての保険は、保険料が安く、それに準じて解約返戻金も少ない

か、あるいは「全くない」仕組みだ。

また、保険金は、原則として契約した額が支払われるが、例えば『逓増《ていぞう》定期保険』『逓減《ていげん》定期保険』『変額保険』のように、保険の種類によっては保険金が変化するものもある。

保険に入る目的にもよるが、通常、保険は「保険金を受け取る」目的で入るものだ。ただ、ときには「解約返戻金を途中で受け取ること」を目的とする場合もある。

どちらの場合も、単純に「保険料が高い、安い」だけでなく、死亡保険金や解約返戻金がわかり、面白い。

「自分の払った保険料の何倍か?」という倍率を計算してみると、お金の価値が直接的に

そのため、生命保険の設計書やパンフレットを見るときは、必ず電卓を片手にして、計算しながら読み進むことを忘れてはいけない。

例えば、貯蓄性の高い『終身保険』と、保険料の安い『定期保険』を比べてみよう。定期保険は、解約返戻金が少ないか全くないので、死亡保障はあっても何か緊急時に解約返戻金を使いたい場合には、役に立たない。これが終身保険だと、死亡保障は当然あるし、緊急時には解約返戻金の一部、あるいは全部を使えるので、貯金を使うのと同様の効果を持つことができる。

一方、解約返戻金がない定期保険は、保険料を2ヶ月以上滞納すれば、自動振替貸付（解約

返戻金を自動的に保険料に振り当て、契約を正常に継続させる）ができないので、契約は失効してしまう。

その点、終身保険は解約返戻金があるので、保険料が用意できないときでも解約返戻金から保険料を立て替えてもらえて、契約の失効を延ばすことができて安心だ。

こうした**メリット・デメリット**を考えながら、あなたに必要な保険を考えてみよう。

保険の契約は、生きていく中で一番期間の長い契約だ。それだけに、現在のことだけではなく、将来の収入や支出の大まかな予測も立てて対処する心構えも持ちたい。

最後につけ加えておくが、本書に限らず掲載される保険料の表は、紙面の関係で5歳とか10歳ごとの5歳単位の表示となっていることが多い。

しかし、それを見た中間年齢、例えば40歳と45歳の間の43歳の人は、自分の保険料を正確に知ることができない。これを知るには、次のように計算すれば、だいたいの保険料を知ることができる（例：積立利率変動型終身保険、男性の場合）。

【年齢】【保険料】
40歳　25330円

45歳　32300円

43歳の保険料

＝｛(45歳の保険料）－（40歳の保険料)｝$\frac{3}{5}$＋（40歳の保険料）

＝（32300円－25330円）×$\frac{3}{5}$＋25330円

＝（6970×$\frac{3}{5}$）＋25330

＝4182＋25330＝29512円

となる（他の保険も同じ）。

正確ではないが、中間年齢の保険料は、ほぼこの計算で出せる。

この機会に、**電卓を常に用意しておく習慣をつけよう。**

第3章

保険料のマジックとは？

⑳保険料の中身は？

田所愛子は、夫の秀樹の保険を『更新』するにあたり、保険会社が知らせてきた保険料が、他と比べて高いのか安いのかを比較してみようと、思い立った。

秀樹は今年40歳。毎晩食事のときに缶ビールを1本飲むくらいで、タバコも吸わず、ごく普通の真面目な男性だ。仕事は、今流行のシステムエンジニアで、収入も悪くない。趣味もテレビで野球やゴルフの観戦や音楽鑑賞、それに読書と、あまりお金のかからないものばかりだ。特にお金を使うのは、1年に2～3回の温泉旅行ぐらい。それも近場で1泊程度。ふたりとも特にケチではなく、かといって浪費家でもない。結婚してもう15年になるが、子供ができないこともあり、愛子名義の預金通帳の数字も8桁に届くようになった。

秀樹も愛子も、今までは「保険は節約して、10年ごとに見直そう」と、保険料の安い掛け捨ての『定期保険』オンリーで来たが、10年ごとに保険料がアップし、10年経過すれば満期保険金もなく、ゼロにリセットされてしまうので、ムダに気づいた。

そこである日、

「私が保険料を調べておくわ」

愛子はそう言って、漢字系生保の保険は敬遠し、ＡＩ社・ＳＯ社・ＭＳＫ社・ＪＩ社の国内4社と、外資系のＡＲ社・ＡＩＥ社・ＰＵ社の3社、合計7社の『終身保険』の設計書を取り寄せた。

終身保険を選んだのは、一生涯の保障があることと、将来、保障がそれほど必要でなくなったら、一部を解約して解約返戻金を老後の生活費に充てることもできるからだ。

条件は、①被保険者が40歳男性、②保険金は１０００万円、③保険料は月払で払込は60歳で終わるもの、にした。

保険料の安い順に並べて見ると、

【会社】	【保険料】	【合計保険料】	【予定利率】
●ＳＯ社	３万２００円	７２４万８０００円	２・００％
●ＡＲ社	３万１７５０円	７６２万円	１・７５％
●ＡＩ社	３万１７９０円	７６２万９６００円	１・７５％
●ＭＳＫ社	３万１９７０円	７６７万２８００円	１・６５％
●ＡＩＥ社	３万２２００円	７７２万８０００円	１・７５％

●ＰＵ社　３万３３７０円　８００万８８００円　１・５０％
●ＪＩ社　３万４０４０円　８１６万９６００円　１・５０％
という結果になった。

これは、ひとつの例だが、同じ保険金１０００万円でも、保険料の一番安いＳＯ社と一番高いＪＩ社との差額は、月額で３８４０円、40歳～60歳までの20年間では、92万１６００円も違うことがわかって、愛子はびっくりした。

「楽に、軽自動車１台分の差額じゃないの」

それにしても、予定利率が同じで、なぜ保険料が違うのかしらと不思議に思い、同じ予定利率で保険料の安いＡＲ社に、電話して聞いてみた。ＡＲ社の人いわく
「保険料の中身は、将来、お客様に保険金としてお返しする純粋な保険料（純保険料）と、会社が費用として使う保険料部分（付加保険料）のふたつから成っています」

「**『純保険料』**は、年齢性別ごとの死亡率から割り出しますので、各社の違いはほとんどありません。通常は死亡率を少し高めに設定していて、実際の死亡率との数字の差が、保険会社の利益になります」

「**『付加保険料』**は、会社がその保険に対して、どのくらいの費用を見こんでいるかが違う

ので、会社や保険によって差が出ます」

説明は、まだ続く。

「さらに、保険会社が利益を見こむ要因として『死差益』『利差益』『費差益』があります。**『死差益』**は、あらかじめ会社が見こんだ死亡者数より、実際の数が少なくて保険金の支払いが少なければ、会社の利益は大きくなります」

「『利差益』は、あらかじめ見こんだ運用利益よりも、運用が好調に推移すれば、会社の利益は大きくなります」

「『費差益』は、あらかじめ見こんだ費用より節約できた場合、会社の利益が大きくなります」

「保険会社はこの3つから利益を生み出すので、これを**『三利源』**といっています」

愛子は電話で説明を聞いただけでは、深く理解できそうもなかった。

でも、聞きかじったことをひとつ質問してみた。

「逆ザヤって、どういうことですか？」

保険会社の人は、

「いい質問ですね。お答えしましょう」と、親切に言ってくれた。

「先ほどお話しました『利差益』ですが、例えば会社があらかじめ見こんだ運用予定利率の

1・75%を稼げず、1・00%の利益しか上げられなければ、会社は約束した利率の不足分0・75%分を持ち出して補填《ほてん》しなければなりません。この持ち出し分を『**逆ザヤ**』と言うのです」

愛子には、おぼろげながらわかったが、

「では、同じ予定利率なのに保険料が高いのは、費用を多めに見こんだり、運用が下手だったりということもあるんですか？」と尋ねた。保険会社の人は

「そういうこともあるでしょうね……また何かありましたら、お電話ください」と答えて、話は終わった。

電話を切ってから愛子は、

「そういえば、保険会社は最近、掛け捨て保険を一生懸命売っているようだけど、どうしてかしら？　いつかまた、聞いてみよう」と、新たな疑問が湧いてくるのだった。

まったく同じ性質の保険で、同じ条件なら……

この世で形があるものには、命を別にすれば、ほとんどのものに価格をつけることができ、

価格は、需要と供給の関係で差が出る。

ひとつの例をとれば、オークションで誰もが欲しいものには価格がどんどんつり上がる反面、誰も買い手がなければ価格はつかない。これと対極の例が「定価」で、１００円の切手を買うのに99円では絶対に売ってくれないし、１０１円を払う必要はない。

一方、生命保険の保険料は、同じ性質の保険で同じ予定利率でも、保険料が全く一緒ということはない。それにはいろいろな要因があるが、会社さえしっかりしていれば、保険料は安いに越したことはない。

ただし、解約を絶対にしない場合は保険料の比較だけでよいが、いくら安くても、将来、解約返戻金を利用しようと考えているのなら、70歳・75歳・80歳の各時点で、解約返戻金の**返戻率**も比較する必要がある。

またこれからは、**保険を勧められたときには、必ずその保険の「予定利率」が何%かも聞こう。**

答えられない営業員からは、保険に入らない方が賢明だ。

㉑「特約保険料」という贅肉《ぜいにく》

堀口忠彦は、身長181センチ、体重はちょうど100キロの体格のよい男性だ。

しかし、「体格がよい」は控えめな言い方で、典型的なメタボ、メタボリック症候群だ。

忠彦が生命保険に入ろうと申し込みをすると、A社では保険金の「5年削減」と言われた（※例えば、1000万円の保険金に対し、加入後1年以内の死亡ではその15％の150万円、2年以内で30％、3年以内で45％、4年以内で60％、5年以内で80％しか受け取れず、5年を超えればようやく100％がもらえるという仕組み）。

「こんな条件がつくのは嫌だ」

今度はB社に申し込むと、5年削減にプラスして「特別保険料」が加算されると知らされた。

条件がつくのは、「生命保険の加入者の公平」という観点から見れば、「肥満は健康体じゃない」と判定されても仕方ないが、改めてはっきり認定されるのは、やっぱり不愉快だ。ちなみに保険の場合、メタボか否かの判定は、BMI（ボディ・マス・インデックス＝体重÷身長÷身長が18～27なら優良体。標準は22。27以上は肥満体）で行うという。

忠彦の場合は、100÷1・81÷1・81≒30・5で立派な肥満体だ。「無告知」や「虚偽の告知」と違って、メタボは隠しようもない。何とかメタボを解消しようと努力しても、一時的に成功した後で、すぐにリバウンドしてしまう。

忠彦が悩んでいると、妻の妙子が憎らしいことを言ってきた。

「あなたの身体は、保険の特約のようね」

「なんだよ。どういうことだい？」

「あのね。要するに『余計なものがつきすぎている』ってこと」

確かに言われてみれば、贅肉は余計なものだし、保険の特約もこちらが望まないのに気づいたらくっついているところは、贅肉といえるだろう。一説によると、身体に贅肉が1キロつくと、血液を送り込むために毛細血管が3000メートルも伸びるそうだ。そのために心臓は血液を送ろうと大車輪で働いて、心臓に負担がかかるという構図らしい。「太ると血圧が高くなる」というのは、そういう仕掛けだとわかった。保険も贅肉の特約のために、心臓とも言うべき財布に「特約保険料」という余計な負担がかかってくるようだ。

本当に必要なら仕方ないが、特約なんてなくても保険本体の効力に影響があるわけじゃない。「これも妙子のヒントのお陰だな。感謝しなくては」と、忠彦は思った。

特約は原則的に何もつけるな

世の中は「メタボリック」と「エコ」という言葉が、巷に溢れている。身体も、エコのためにエレベーターを使わず階段を歩くことで、メタボは解消されて快適に暮らせ、寿命が延びる。生命保険もこれと全く一緒で、特約という贅肉を落とすと、財布が「豊かに」なる。

さらに大切なことは、『医療特約』の場合、60歳・65歳という保険料払込み終了とともに、医療特約の効力も原則として終了することだ。そんな年齢で『医療保障』が無くなるのは、悲劇だ。希望すれば、その時点から80歳までは延長できるが、その間の特約保険料は原則的に一括一時払いか、年払いだ。しかも、一時払いして80歳前に死亡しても、既に支払った未経過期間の保険料は返還されない。**特約保険料は「完全な掛け捨て」**と、肝に銘じておこう。

その他、老若男女、誰でも一律に「災害特約」「障害特約」「介護保障特約」「高度先進医療特約」など、本当に必要だろうか？　実際、「主契約保険料」よりも「特約保険料」の方が巨大な「頭デッカチ保険」は、どう考えてもおかしい。そんな保険の販売を、監督官庁（金融庁）が許可していることも、とても変だ。「どうにかして」と、悲鳴を上げている心ある国民が大勢いることを国は知っているのだろうか？

✓特に「死亡保険」は特約をつけてはいけないもの

想像を絶する多くの人が、死亡を保障する保険に「医療特約」をつけている。これはとても便利で経済的と思われているが、実は大きな落とし穴だ。「死亡保障」の保険は、60歳または65歳で保険料の払い込みが終わるものが多く、「医療特約」は、その時点で保障がなくなる。

そこで新たに「医療保険」に入ろうとすれば、年齢が年齢だけに、それまでの病歴や健康状態によって保障に「条件」がついたり、場合によっては「謝絶」（保険加入お断り）と判定されたりする危険が大きい。また健康状態をクリアしても、年齢的に保険料がバカ高くなる。

そんな危険や不利が、「医療特約」には待ち構えているのだ。仮に80歳まで延長できても、特約保険料は原則的に「一括一時払い」で支払わなくてはならないし、80歳前で死亡した場合の「未経過期間の保険料は返還されない」不利は拭えない。

特約で医療の保障をしている人は、**この「医療特約」だけ解約して、一生涯保障の続く単体の「医療保険」に今のうちに入り直してほしい。**

㉒ 生命保険は、若いときに入ればよいの？

「生命保険？　まだそんなに真剣に考える年じゃないよ」

今年の春、大学を卒業して大手電器メーカーに就職した藤田鉄夫は、「社会人になって収入を得られるようになったのだから、保険のひとつやふたつぐらい、今のうちから入ったらどうだ」と父親に言われたが、（保険なんて結婚したときか、中年を過ぎてから考えればいいんじゃないか）と思い、忠告を真剣に考えなかった。

ところが、就職して3年目のある日、鉄夫は会社帰りに同僚と軽く一杯やった後で駅の階段で滑って転び、すねを骨折する大ケガで入院することになり、おまけに、単純な骨折だと思っていたら、レントゲンの結果は複雑骨折で手術をすることになり、最低でも3～4週間は病院生活をしなければならない結果となった。

親兄弟や会社の上役・同僚・友人が、代わる代わる見舞いに来てくれた。その中に高校時代の同級生で、保険会社に勤めている岡田信三が、

「お前のお袋さんから聞いたけど、お前、保険に入ってなかったんだってな」と、「馬鹿だ

なー」というような口調で鉄夫に言った。

「ああ、入ってなかったよ。まだ先でいいと思っていたんだ」

鉄夫は、分厚いギブスを巻かれ、そこに同僚がいたずら描きをした足を見ながら答えた。

「俺は知り合いに保険を勧めない主義だけど、よいことを教えてやるよ。この表を見てみろ」

信三が渡してくれた表は「医療保険の保険料比較表」（１５３ページ図10）で、10歳から55歳まで、５歳刻みの月払い保険料が書いてある。

「てっちゃん、若いときの保険料は月々安くて、年齢が上がるごとに保険料の負担も増えるだろ。でも、その表の右側を見てくれよ。65歳で払い終わるときの合計保険料じゃ、年齢が何歳でもほとんど一緒なんだ。だから『医療保険』は、１日でも早く入った方が月々の負担も軽いし、長～い保障が得られるんだよ」

信三は、いつになく真剣な眼差しで鉄夫に話した。

「もっとも、今から保険に入っても、この骨折は保障されないけどな」と言って笑った。鉄夫もつられて笑ったが、足に響いて顔が少しゆがんだ。

「医療保険のことはわかったけど、死亡保険も同じなの？」

鉄夫は、信三の渡してくれた表と説明で、少しは真剣に考えてみようという思いに駆られた。

「死亡保険は、そう単純じゃないよ。『掛け捨て保険』か『貯蓄性が高い保険』でかなり違うから、てっちゃんが退院したら、今度ゆっくり説明してあげるよ」

信三が置いていった保険料表を見ながら、

「こういう保険に入っていたら、４週間の入院で28万円と手術給付金の10万円とで、合計38万円もらえたのか。何だか損したな……それに、親父に言われたときに入っておけば月に６８００円で済んでいたのに、今じゃ７３２０円か。負担が軽いうちに入っておけばよかった……」

と鉄夫は後悔するのだった。

なぜ、「若いうちに」がよいのか?

人間とは不思議なもので、ほとんどの人が普段は保険のことなど気にもしていないのに、体調に変調の兆しがあったり、ケガをしたり、親しい人が病気になったり、死亡したりすると、それまで無関心だった保険のことが頭をよぎる。

しかし、健康状態に問題なければいつでも加入できるが、少しでも変調を感じて診察を受け、投薬されると、場合によってはその時点で保険に入れないか、入れても「条件」がついて、不利になることが結構多いのだ。

それだけではない。医療保険は何歳の加入でも、支払う合計保険料はほぼ一緒なので、一日でも早い加入の方が、月々の負担が軽くて長〜い保障を得られて有利だ（153ページ図10参照）。

一方「死亡保障」の保険は、「掛け捨て」か「貯蓄性が高い」で大きく違う。掛け捨ての『定期保険』の場合（保険金は1000万円、男性の場合）、

【期間】　【保険料】　【合計保険料】

・25歳〜65歳の40年間　3980円　191万400円

・35歳〜65歳の30年間　4930円　177万4800円

となり、13万5600円の差額で10年間長く保障があるのだから、定期保険は早く入った方が有利だとわかる。

また、貯蓄性の高い『終身保険』では（保険金は1000万円、男性の場合）、

【期間】　【保険料】　【合計保険料】　【65歳時の解約返戻金】

・25歳〜65歳の40年間　13880円　666万2400円　約750万円

・35歳～65歳の30年間　２０１６０円　７２５万７６００円　約７４９万円

となり、25歳加入時より５９万５２００円多く払うのに、解約返戻金はほぼ同じだ。

なお、55歳で加入しても、保険料は高いが、解約返戻金はほぼ同額となることから、終身保険も若いうちに入った方が、数字上有利だとわかる。

結論としては、**保険は健康に何の問題もない「若いうち」に加入することが、長く安心を得られて経済的**ということになる。

図 10　医療保険の保険料比較表

入院給付金日額１万円・120 日型・65 歳払済の場合

加入年齢	月額保険料	合計保険料
10 歳	5310 円	350 万 4600 円
15 歳	5840 円	350 万 4000 円
20 歳	6500 円	351 万 0000 円
25 歳	7320 円	351 万 3600 円
30 歳	8390 円	352 万 3800 円
35 歳	9820 円	353 万 5200 円
40 歳	11810 円	354 万 3000 円
45 歳	14850 円	356 万 4000 円
50 歳	19770 円	355 万 8600 円
55 歳	29390 円	352 万 6800 円

ポイント　何歳で加入しても、合計保険料に大きな差はない

ポイント　早く加入すれば、月々の保険料は軽く、長期間の保障が得られる

㉓いつまで保険料を払うのが理想的か？

保険屋さんの野口さよ子は、

「今までとあまり変わらない保険料で、保障額は1000万円も増やせますよ」とにっこり笑って、職場の昼休み時、今里研三に説明をしていた。

野口に差し出された設計書を見ながら研三は、（保険会社も競争が激しいから、企業努力でよい保険を出すようになったんだろう）と、善意に解釈していた。

研三は今年で50歳になった。6年前にも同じような説明をされ、今入っている保険に取りかえたが、それが「転換」ということも意識せず、保障の中身がステップアップして良かったと思っている。今回も、今までの保険と比べて保障が1000万円も上がるのに、保険料は1000円ちょっとしか上がらない。これなら妻の久美子も喜んでくれるだろう。研三は妻を喜ばせたくて、久美子に相談しないで野口が勧めた新しい保険の申込書にサインをした。

その晩、研三は夕食のテーブルで久美子とふたりで食事をしながら、新しい保険に入ったことを話した。「保険料は1000円ほどしか上がらないで、保障額は1000万円も増えるよ」

と、少々得意気に説明した。「１０００円ぐらいなら何とかやりくりできるし、保障額が上がったのならいいことじゃない」と久美子も喜んだ。


それから約2週間して、保険会社から保険証券が送られてきた。

久美子が、封書を開いて保険証券を見ると、確かに保険金は今までより１０００万円上がって３０００万円になっている。嬉しい、と思ったのも束の間、目線が保険料の欄で止まった。前の保険は夫の定年に合わせて、65歳で払い終わる内容だったのに、今度のは払い込み終了が70歳になっている（あの人は定年退職後、どうやって5年間も保険料を払っていくつもりで入ったのかしら、今晩、聞いて見なければ）。

食事が終わって、

「あなた。今度の保険は、定年後の5年間も支払いがあって、70歳まで払わなければならないのよ。知ってた?」

久美子の問いかけに研三は、鳩が豆鉄砲を食らったように「信じられない」と、証券を見つめた。

「70歳まで払うようになっていたなんて、気がつかなかったよ」

（設計書をちゃんと見なかった俺の不注意か？　あの時は、保険料がわずかに増えるだけで、保険金のアップばかりに気を取られていたからな）と深く反省した。

「定年後も年金から保険料を払うなんて、私、嫌ですからね」

久美子にキッパリと言われて、研三は、

「明日、野口さんに電話をして、一旦、元の保険に戻してもらうよ」と言いながら、風呂場に姿を消した。翌日、研三は野口に電話をして、

「保険料の支払いが70歳になっていて、女房に怒られたよ、元に戻してくれないか？」と頼んで見た。すると、野口から信じられない答えが返ってきた。

「払い込み期間を5年延ばして70歳にしたのは、保険料を安くするためには仕方がないんです。それに、ご契約は正式に成立していますから、元の保険には戻せません」

「それじゃ、このままの保険で70歳まで払えっていうわけ？　元に戻せないなら、この保険をクーリング・オフするよ」

研三は、契約の解除を申し出た。

「クーリング・オフは、お申し込みを頂いてから1週間以内でしたら有効ですが、今里さんの保険は既にその期間を過ぎていますし、ご契約も成立して保険証券も送られてきていることで

すから、クーリング・オフはできません」

「元にも戻せないし、クーリング・オフもダメなら、泣き寝入りしろっていうわけ？」

なおも研三が食い下がると野口は、

「…あとは解約しかありません」と冷たく言った（解約なんてされたら、私にペナルティがついて、コミッションは全部没収されて、成績も落とされちゃうわ、どうかこのまま払ってよ）。

そして挙句に、

「65歳の定年時の退職金で、70歳までの５年間分の保険料を前納してしまえば、よろしいのでは？　そうすれば、年金で払わなくても済みますわ」

野口は、他人の懐のことと思いながら、心の中で（今は、お客の都合よりも、私の成績が最優先よ。あきらめなさい）と念じていた。

✓ 保険料を安く見せかけるテクニックは、いろいろある

保険は、保障は一生涯で、保険料の支払いは定年、または年金受け取り開始年齢までに払いこみが終わることが理想だ。具体的には、保険料の支払いは遅くても65歳までに終わるのが望

ましい。

さらに支払い能力次第で、支払い終了時期が早ければ早いほど、1回ごとの支払金額は多くなるが、合計保険料は少なく済み、得をする。

一方、保険会社、というよりもその営業職員は、払い込みが10年の保険の場合は20年に引き伸ばしたり、65歳払い込み終了の保険は70歳終了に取りかえたりして、安く見せかけるテクニックを使う。他にも例えば、25歳の男性が1000万円の『定期保険』に加入する場合、

【期間】	【タイプ】	【合計保険料】
・25歳〜65歳の40年間	更新型	224万7600円
・25歳〜65歳の40年間	全期型（更新しない型）	191万400円

と、同じ額の保障でも25歳時の保険料は更新型の方が安い半面、合計保険料で33万7200円も余計に払うことになる。

また、巷でよく見られる「保険料の払い方」で特に注意してほしいことは、次の文言だ。

◆「保険期間は10年で、安い設定になっています」

「10年ごとに（更新して）保険料が上がりますよ」を示している。

「10年ごとに更新」は、保険料の一番不経済な支払い方でもあるが、**更新後の保険料のアップに加入者がいつまでついていけるのか**、不思議でならない。なお掛け捨て保険の場合、支払いが2ヶ月以上滞ると、保険の効力が「失効」して保障がなくなる。こういう保険は入らない方が良い。入っていたら、違う保険を探してからやめた方が賢明だ。

◆「保険料は一生変わりません」

これは、「**終身払込**」を示している。つまり「死ぬまで一生涯払い続けなさい」という意味だ。これも不経済な払い方なので入らない方が良いし、入っていたら、違う保険を探してからやめなさい。

㉔保険料の「高い安い」よりも、もっと大変なことが……

高杉ひとみは、焦っていた。

いや、焦らされていた、というのが正確な言い方だろう。それというのも、あと1週間以内に夫の高志が保険に入らないと、年齢が1歳上がって、保険料がその分高くなると、保険セールスの佐々木洋子に脅かされたからだ。

「奥さん。今のうちに入ればご主人の保険料は18380円ですが、1週間過ぎてしまうと19170円になって、65歳まですず〜っと毎月790円も余計に払うことになりますよ。一刻も早く入らないと、損ですよ」

佐々木の強い口調が、ひとみの焦る原因だった。

夫の高志は、再来月の1日に46歳の誕生日が来る。満年齢採用の保険では、申し込んだ翌月1日が「契約上の始期＝保険年齢」となるため、来月の申し込みでは、始期が誕生日となって1歳年齢が上がってしまうので、45歳の今月中に契約の申し込みをしないとダメだという。

これを知らせるのは、親切心もあるだろうが、「早く契約を取りたい」という顧客不在の、佐々木の勝手な都合でもあるのだ。

ひとみは考えた。月に７９０円はたいした金額じゃないが、佐々木さんの言う通りに支払いの終わるまでそれが続けば、バカにならない。高志さんだって「安い方がいい」と言うに違いないから、安く入れば喜んでくれるはずだ。

「じゃあ、その保険に入ることにしますわ」

ひとみは、佐々木に決心を伝えた。佐々木は心の中で（『誕生日になると、年齢が1歳上がって保険料が高くなる』は、実に強い攻撃材料だわ。気が変わらないうちに契約をもらっちゃおう）と思いながら申込書を用意して、

「では、この書類のことそこにご主人のお名前と、保険金受取人の欄に奥様のお名前をお書き下さい」と勧めた。ひとみは言われるままに、夫と自分の名前を書きこみ、印鑑を押した。

次に、佐々木は「告知書」を出して、

「ご主人の健康状態を思い出しながら、印を書きこんで下さい」と説明し、ひとみはこれも言われるまま書きこみ、さらに毎月の保険料を引き落とす「銀行口座からの振替申込書」に、夫名義の口座番号と印鑑を押し、第1回目の保険料１８３８０円を支払った。

「ありがとうございました。これで①申込書②告知書③第1回目の保険料の3点が揃いました

ので、今日から保険の責任開始がスタートします」という佐々木の言葉に、ひとみは（これで高志さんに喜んでもらえるわ）と思った。

果たして、これで「めでたしめでたし」だろうか……

とても重要な問題が隠れている

高杉ひとみさんが夫の保険に入った経緯は、どこにでもある日常的な光景だが、実はとても重要な問題を含んでいる。

まず、佐々木洋子が保険の加入を急がせたことが原因で、大きな問題を引き起こしてしまっている。それは、保険料のアップに注意を奪われ、保険自体の「保障内容の質」を見落としていることだ。最近の商品は、ほとんどが質の悪いアカウント型である。ということは、44ページで述べたように、将来的に痛い目を見ることは明白だ。

さらに重要なことは、「契約者」「被保険者」の欄に夫本人がサインすべきところを、妻のひとみが全て代筆したことだ。サイン（自署）は、「この保険契約の申し込みを承諾します」という本人の意志の表れを証明するもので、それは「告知書」も同様だ。

しかし、例え妻でも誰かが代筆したということは、本人は契約に承諾していないし、告知もしていないということになり、その事実が発覚した時点で、**契約は無効**になる。

通常、それが発覚するのは保険金の給付請求時が多く、これが保険金・給付金「**不払い**」の最大の理由になる。そして契約が無効になれば、それまで支払った保険料は全額が没収となる。そう考えると、**安易に代筆をしてはいけない**。

なお、タイプがアカウント型は更新型なので、**更新後の保険料は大幅に変わる**。その点も注意して、電卓を片手に自ら取り組んでもらいたい。急がば回れだ。

㉕命を削るためにお金を使う

ふーっ、とタバコの煙を吐き出した秀樹は、

「食後の一服って、なんてうまいんだろう」と、くつろいでいた。


「それにしても寒いな」

秀樹は、ベランダから遠くに見える赤いネオンの灯りを眺めながら、ガウンの襟元を引き寄せた。秀樹はいわゆる「ホタル族」だ。

家の中でタバコを吸うことを極端に嫌う妻の玲子と娘の秀子から、「お父さん。家の中がヤニ臭くなるから、タバコをやめて下さい」と言われたが、学生時代から吸っているタバコを、どう努力しても止められないでいる。

秀樹は、今年で55歳になった。中堅どころの出版社の編集者で、毎日、出勤も遅いが帰宅も遅い。最近の出版業界はどこも業績不振で、売れる本作りに必死だ。

ネットで活字は読んでも、紙媒体に頼る人が少なくなったせいか？　でも、本当に深くてた

めになる知識に出合えるのが本のよさだと、秀樹は思っている。

文章をまとめる仕事の合間に吸う一服は、タバコを吸わない人にはわからないだろう。

しかし、会社も社内は禁煙なので、晴れた日は屋上で、雨の日は玄関ポーチで吸う。

一服しては、仕事に取りかかる日々だ。


そんなある日、秀樹の入っている生命保険会社から「更新の時期が来ました」という通知を受け取った。保険のことは総て玲子に任せていたので、確か「最新の保険に入っておいたわ」と聞いた記憶があるけれど、内容をよく知らない。

今度も、玲子に任せておこうと思っていると、

「お父さん。今度こそタバコを止めてくれませんか」と強い口調で真剣に言われた。

「止めなくたって、家の中では吸わないのだから、副流煙でお前達に迷惑をかけていないじゃないか」

やめられればどんなにいいか、俺自身が一番知っているよと、心の中で叫んでみた。

「保険会社の人に言われたんですけど、タバコを吸う人と吸わない人とでは、保険料がとても違うんですって」

玲子がいう傍から秀子が、

「そうよ。お母さんがいくら家計費を節約したって、お父さんがお金をパーッと煙にしてたんじゃ、苦労しているお母さんがかわいそうよ」と援護射撃をする。女性ふたりの総攻撃では、たじたじだ。

「保険会社の説明では、あなたの年齢から30年後の85歳までの「かけ捨ての保険」の場合で、だいたい家のローン4~5回分も金額が違うそうですよ。資料をもらってありますから、見て下さい」

玲子は計算書を秀樹に渡した。そこには、55歳の秀樹が85歳までの30年間に、保険金1000万円の掛け捨て保険に支払う保険料が書いてあった。

【保険の種類】	【期間】	【保険料】	【合計保険料】
●普通の定期保険	55歳~85歳の30年間	21660円	779万7600円
●非喫煙型定期保険	55歳~85歳の30年間	20240円	728万6400円

タバコを吸う人と吸わない人では、保険料が合計で51万1200円も違う。

それに、1日のタバコ代を300円として、20歳から平均寿命の79歳までの59年間に使うタバコ代は、646万5000円にもなる。先ほどの「余計に払う保険料」を足すと、合計で69

7万1700円という巨額なお金を払って、自分の寿命を縮めているのだ（これが一箱1000円になるとも言われているので、計算するのが空恐ろしい気がする）。

その事実に愕然としていると、

「お父さん。タバコを吸っている人は、周囲の人に迷惑をかけているんだからね。私ならお父さんのような人とは恋愛も結婚もごめんだわ。だってキスする気にもならないもの」

秀子が父親を攻撃すると、すかさず玲子が追い討ちをかけてきた。

「一生の間に700万円もかけて、寿命を縮めて無駄なお金を払うのは、もう止めて下さいませんか」

とどめの一撃だ。さらに玲子は、

「作家の山本周五郎さんは、63歳で亡くなるまで1日にタバコを60本も吸っていたそうですよ。一箱300円として20歳から43年間で計算すると、1412万5500円ものお金をかけて、63歳という若さで亡くなったんですよ」

「わかった、わかった。保険料もそんなに違うのなら、2〜3ヶ月間タバコを止めて『吸っていません』と言えば、安い保険料で入れるんじゃないの」と、秀樹は気軽に考えていた。

命も財布もリスクを背負う喫煙

秀樹氏のように「しばらく禁煙すれば、保険加入時の検査に引っかからないだろう」と思うのは、浅はかな考えというものだ。

喫煙検査は、唾液をとるものだが、**1年以上は完全に禁煙していないと、唾液の中のニコチンなどの成分で明確にわかってしまう。** 虚偽の告知は厳禁だ。

なお、喫煙によって以下のリスクが上がる率は、非喫煙者と比較して（カッコ内は女性）、

▼10年以内の死亡率　1・6倍（1・9倍）
▼ガンになる確率　1・6倍（1・5倍）
▼肺ガンになる確率　4・5倍（4・2倍）
▼心筋梗塞になる確率　3・6倍（2・9倍）
▼脳卒中になる確率　1・27倍（1・98倍）
▼糖尿病になる確率　1・4倍（3・0倍）
▼自殺する確率　1・3倍（男女合計）

となっている。

では、例えば肺ガンの場合、このリスクは何年禁煙していれば、非喫煙者と同じ程度に下がるのかについて統計がある。それによると非喫煙者を1とした場合、

▼喫煙者が肺ガンになる割合　　　　　　　　　　　　４・５倍

▼禁煙開始から９年以内の人が肺ガンになる割合　　　３・０倍

▼禁煙開始から10～19年以内の人が肺ガンになる割合　１・８倍

▼禁煙開始から20年以上経過した人が肺ガンになる割合　非喫煙者と同率

となっている（共に厚生労働省　研究班調査）。

このような統計を、喫煙者はどういう心理で見ているだろうか？　まさに「命を縮めるためにお金をかける愚かさ」に、１日でも早く気づいてほしい。

さらに「社内禁煙」だからと、屋外に出てタバコを吸っている社員が多いが、もし、社内で机に向かって同じ時間を競馬新聞やマンガを読んでサボっていたら、どう思われるだろうか？「喫煙のために屋外に出て、時間を無駄にしている。給料泥棒だ」と思われていることに、どうか気づいてほしい。

㉖団体加入保険の危険度

「俺は三菱系の社員だから、三菱系生保の明治生命からしか入らないよ。これも愛社精神のひとつだ」

佐々木英吉は新入社員のときから「生命保険は明治生命」「ビールはキリン」「自動車は三菱」「銀行は三菱銀行」「電化製品はすべて三菱電機」と、徹底した愛社精神の持ち主だ。

しかし、見方を変えれば、随分と狭い世界で暮らしているように思う。世の中は広いし、すべて三菱だけが最高だとは思えない。もちろんよいものもあるが、モノによってはもっとよいものもあると思われる。

英吉にすれば、この愛社精神は何も自分だけではなく、周囲の同僚や上司・先輩・後輩も皆、同じように会社を愛し、系列社の製品を愛しているだろうし、それは俺達三菱系だけではなく、三井系や住友系などの社員だって同じだろうと思っている。

ところが、明治生命は富士銀行を中心とする芙蓉《ふよう》系の安田生命と合併し、銀行も東京銀行や三和銀行と合併した。また他の系列でいえば、三井銀行はライバルの住友銀行と合併したように、昔の「財閥系」という系列が大きく崩れてきたようだ。

そんな中にあっても、英吉の会社では昼休みになると、首から「入館証」のパスを提げた明治安田生命のセールス・レディがパンフレットを入れたカバンを持って、社員の机の周囲を巡っている。英吉の会社が三菱系だけに、明治安田生命以外の他社の入館は、会社の総務部が許可しないので、社員は明治安田生命以外の保険に接することはほとんどない。

つまり「鳥かごの中で飼われている小鳥」のように、与えられた餌の味しか知らない状態だ。それでも英吉のように「鳥かご」の環境に置かれると、それが当たり前で「どうせどこの保険も五十歩百歩」と思い、「井の中の蛙」だと気づかない。

しかも、会社に来るセールス・レディから保険に入れば、保険料が「団体扱い」という特典つきだ。（他社の保険なんて……この次の『切り替え』も、明治安田生命にしよう）と英吉は思っていた。

✓「団体扱い」の割引？　で、目がくらんでいないか

生命保険の保険料団体扱いは、ひところはかなり割引がされていたので、「どうせ保険に入

るなら、割引があった方が得だ」という思いに駆られて加入したのも、わからないではない。しかも給料からの天引きで、面倒もない。

しかし、この「特典」と思わせることが大きな落とし穴で、団体扱いに気を奪われて「木を見て森を見ず」状態になってしまう。つまり、保険は団体扱いよりも**「その保険が自分と家族にとって希望したニーズに合っているのか」**の方が、何倍も大切なのだ。

結果として、狭い選択肢の中で、漢字系生保の主力商品「アカウント型保険」に誘導されることが多く、本書の「プロローグ」にあるような悲劇が口を開けて待っていることに気づかない危険性を孕《はら》んでいる。

かつて、「団体扱い」の保険料は3％程度の割引があったが、個々の保険料を割り引いた上に、給料から天引きして社員の保険料を取りまとめてくれる会社にも、約3％の「集金手数料」を支払っていた。つまり、割引をダブルで行っていた時代が長く続いた。

しかし、現在では「団体扱い」というのは事務手続上の名称に過ぎず、個々の保険料は通常の「月払い」とほとんど変わらないところが多い。

にもかかわらず、この「危険の網」に多くひっかかるのは、自社の系列生保だからといって、他の生保の商品を研究せずに、盲目的に系列会社の保険に加入する人達だ。

かわいそうと思うと同時に、「『井の中の蛙、大海を知らず』でバカだなぁ」と思ってしまう。愛社精神や「団体扱い」に惑わされて、結果的に多額のお金を保険会社に寄付をするような保険の選択は、どう考えても正しい保険の入り方ではない。

㉗これからは「代理店時代」、よい代理店の選び方

スーパーで買い物をする際、品物を選ぶときには誰でも、刺身のトレイを見比べ、大根１本を買うにも「どれでもいいや」と、手前から無造作にとることはしない。

近藤弘美は、夫の貞一の保険を選ぶに当たり、40社近くある生命保険会社の中から、ここぞと思う５社に絞り、設計書を取り寄せることにした。

生命保険文化センターから送ってもらった生命保険会社のリストを見ながら、弘美は順次電話をかけてみた。応対に出た女性は、事務的な口調で「担当者に回します」と言い、代わってセールス・レディらしき女性が電話口に出た。相手は名前を名乗らずに、

「設計書をお届けしますので、被保険者となる方のお名前と生年月日・ご住所・お電話番号をお教え下さい」と型どおりに尋ねられ、これを５回続けた。

弘美が保険会社に電話をかけた後、それぞれの保険会社から連日のように、設計書を持ったセールス・レディが訪ねてくるようになった。そこで、

「この保険とＢ社の保険と、どこがどう違うの？」

Ａ社の女性に質問すると、

「私達は、他社の保険や数字を比較することが法律で禁止されていますので、比較はお客様ご自身で行って下さい」と、断られてしまった。

弘美は困った。比較すると言っても、どの点をどう比較したら良いのか、ポイントがわからない。結局、駅前にある保険の「代理店」のことを思い出して、行ってみようと思った。確か、その会社の看板には、30社くらいの保険会社の名前が書いてあったはずだ。


弘美は５部の設計書を持って、その代理店を訪ねた。


応対に出た、30代のかなりイケメンな男性店員は、

「奥様。あなたがお持ちになった設計書も悪くはありませんが、この保険はここが欠けていますし、こちらは他と比べて保険料が高いようです。それでしたら外資系のこちらの保険の方が、ほぼ同じ保険料で保障も同じですし、しかも将来はライフサイクルも変化するでしょうから、10年ごとに見直す方がいいですよ」と、自分の店で販売している外資系生保の「10年更新」の保険を勧めてきた。さらに、

「やはりポイントは、こまめに見直しできて保険料が安いことですよ」と言われれば、弘美も自分ひとりじゃ分からなかったけど、代理店を訪ねて正解だったわと思った。そして、代理店の男性の勧めた保険に入ることにした。

その日の夕食後、弘美は

「いくら設計書を集めても、比較するポイントがわからなかったから、結局、駅前の代理店で話を聞いてきたわ」と夫に報告した。

「それで結果がでたの？」

「ええ。勧められた外資系の保険がいいと思うの」

と、渡されたパンフレットを広げて見せた。

「この保険は、いつも新聞にデカデカと広告を載せている会社じゃないか。あんなに広告費を沢山使っていて大丈夫なのかな？　それに例の『不払い問題』のことでも、この会社は件数だか金額だか忘れたけれど結構多かったし、今後は政府管理になって破綻同然じゃないか」

「じゃあ、あなたが調べてくれる？」

「いや……でも、弘美がいいと思うならこの保険でいいよ。申込書をもらって来ておいて」と貞一は言って、テレビのスポーツ観戦に視線を戻した。

数多くの保険会社を扱っている代理店は、要注意だ

電化製品や日用品、またはスーパーのような店なら、扱う商品の数は多ければ多いほど、選択肢が広がって、消費者には有利だ。

しかし、生命保険に限っていえば、漢字系生保は排除した方が賢明と思えるし、それ以外も経営的に疑問符がつく会社もあるので、あれもこれもと多くの保険会社の代行をしている代理店が優良とは限らない。

数多くの保険会社の代理業務を行っている代理店の中には、保障の品質で保険を選んでくれるのではなく、A社やB社よりもC社の方が、**コミッション（販売手数料）が多く代理店に入るから**という理由で、商品を勧められることも「無きにしも在らず」だ。

本当の優良代理店は、経営と商品の質に対する理念がしっかりとした会社の保険（4〜5社ぐらい、多くても6〜7社程度）しか扱わず、コミッションよりも保険商品の質本位で商品解説をして、扱う保険商品の数も、そう多くはないところだ。それは、医者がAの手術よりもBの方が患者のために良いと思えば、Aの方が保険点数は高くても、Aを選ばずにBの手術をす

るのと同じだ。

もうひとつ大事なことは、「保険に入るときは、**地元の営業員から」という古い概念を捨てる**ことだ。一昔前は、足繁く通ってきて、ボールペンやメモ帳を配ってくれ「親しさ」という義理を積み重ねる営業員を重宝すべきだと思う人が多かった。

しかし、仮にその営業員は転勤しなくても、加入者側が転勤・転宅することもある。特に「転勤族」ともなれば、加入するときは地元の人でも、転勤してしまえば地元も何もない。現代では、電話やインターネット、ファックスなどの通信網は想像以上に発達し、宅配便も速達郵便も、全国どこでも翌日には届くし、パソコンで調べれば、瞬時に契約内容もわかる時代だ。

本当に優秀な営業員は、北は北海道から南は沖縄まで、1本の保険のために全国どこへでも飛び回っているので、「地元の人でなくちゃ」は古すぎる。もちろん、地元の人でも優秀な人は優秀だが、そういう人であっても、顧客のためには地元ばかりではなく、要望があれば全国どこへでも飛んでいく時代だということを忘れてはいけない（ちなみに「優秀」という定義は、「保険をたくさん獲得している人」ではない。結果的に優秀な営業員は保険獲得の件数も多いだろうが、本当の意味で優秀な営業員とは、「しっかりとした理念を持っていて、顧客本位で保険を考えてくれる人」のことである）。

したがって、「地元だから」「駅から近いから」という理由だけで相手を選ばないことだ。

逆に、遠方にいても、優秀な人に巡り合うことができれば、それだけであなたは幸福に一歩近づいたと思った方がよい。**あなたに合った人は、必ずいる。**


ところで、最近はほとんどの銀行で生命保険を販売している。いわゆる「窓口販売（窓ハン）」という保険販売だ。銀行も保険会社にとっては代理店のひとつになる。

なぜ、銀行が生命保険を窓口で販売するか？　答えは簡単だ。それは一にも二にも「手数料」が欲しいだけに過ぎない。銀行には、生命保険に対する理念もないし、ましてや「顧客のためになる保険を」などという最低の意識もない。

であるから、本書が批判するような保険でも、加害者意識は無く堂々と販売できるのである。

その銀行が一流であろうと三流であろうと、彼らが欲しいのは「販売手数料」であって、そこには顧客の幸福は存在しない。

決して、**銀行の窓口で生命保険に入ってはいけない。**

㉘究極の「保険料節約術」は？

宮本由香里の夫の武雄は、大型トラックやバスなどの部品製造をする、中堅どころの会社で、品質管理を担当する社員だ。

近年、ガソリンなど燃料の値上げにより、自家用車ばかりでなく運輸業も小型車にシフトして、大型車の出荷台数に陰りが見られるようになってきた。武雄の会社でも、月に60～80時間あった残業が半分以下になり、残業代に頼ってきた家計に大きな影響が出るようになった。

「あなた。こんなに残業代が減っては、志郎への仕送りも大変ですし、毎月払っている350００円の生命保険の保険料を、何とか半分ぐらいにできないかしら？」

由香里は、少しでも家計費を節約するために、コンセントをこまめに抜いたり、白熱電球を電球型蛍光ランプに替えたりしてはいるが、大学に行っている息子へ仕送りは減らせないし、これで家のローンが終わっていなかったら完全に「破産」だと思った。

「…それに、あなたが通勤に使う車も『軽』にしましょうよ。最近はガソリンも高いし、あなたの車のようにガソリンを撒《ま》いている車は、エコ時代に反するわよ」

由香里の言うことはもっともだと思いながらも、武雄は譲る気がないので、生返事しかできなかった。

武雄は、自動車部品メーカーに勤めているだけあって、車大好き人間だ。車は、トヨタのクラウン・アスリート　３・５ℓの４ＷＤに乗っている。カタログでは、燃費は１ℓで10〜12キロとなっているが、通勤では８キロがいいところだ。

車を取り替えろ？　もっと節約できる所があるんじゃないかな？

クラウンを手放すくらいなら、生命保険を半分にする方が、俺には楽だな。武雄は単純にそう思った。保険料を半分にすれば、保障額も半分になるだけだし、必要になったらまた増額すればいいじゃないか、何も問題ないよ。

結局、由香里の提案の「生命保険を半分に減額すること」で結論が出た。

✓ 小手先の節約術は役に立たない。もっと大切な基本は？

宮本武雄氏のような保険料節約術は、根本的な解決にはならない。もっと大切なことが何点もあるので、まとめとして見ていただきたい。

◆入っている保険の「保障の質」を調べる

いくら保険料を削ったり保障を小さくしたりしても、その保険が『定期保険特約付終身保険』や『アカウント型保険』の場合、保険料ではなく、将来の大切なお金を毎月捨てていることになる（詳細は38、44ページ参照）。

◆できるだけ「若いとき」に加入する

これ以上ない究極の節約術は、できるだけ1日でも早く、若いときに加入することだ。例えどんな保険でも、例えば60歳・65歳まで保険料を払うとしたら、早く加入して払い込み期間が長い方が、月々の保険料負担は軽くて済む（詳細は153ページ参照）。

さらに保障される期間もその分長くなり、それだけ安心も増すことになる。

◆「健康状態に何も心配がないとき」に加入する

私たち人間は、日常生活の中で保険のことなど、あまり考えない。

だが、いざ風邪を引いたり骨折したりしたときに限って（ああ、保険に入っておけば……）

と思うものだ。

しかし、そのときに加入を検討しても遅いことが多い。死亡保険でも医療保険でも、保険は原則として健康体の人々の集団で構成され、そこに不健康な人が加われば「保険の公平性」が著しく崩れる。

そこで、不健康な人を排除（謝絶＝加入お断り）するか、加入できても不健康の程度によって、「条件」がつくことになる。条件がつくと保険加入を嫌う人がいるが、条件は、健康な人よりも危険度が高い（保険金・給付金を支払う確率が高い）という証拠なので、加入できるのなら条件がついても、絶対にそのときに加入すべきだ。

なぜなら、保険会社が条件をつけるのは、その問題点が、将来さらに悪化する確率が高いと見ているからで、時間が経過すれば「加入できない」事態もくると思った方がよい。

◆『定期保険』を一生涯の保障としない

新聞や雑誌の「生命保険の保険料節約術」特集や、保険の本などで、「死亡保険は貯蓄性の高い『終身保険』はやめて、保険料の安い『定期保険』にしなさい」という指南がよく載っている。

確かに定期保険は保険料が安い。しかし、安いのは「目先」だけだ。

もし、平気寿命または筆者が主張する「保険計算上の安全圏（平均寿命＋平均余命）＝男性では88歳」まで定期保険に加入して保険料を支払えば、保険金を上回る保険料の払い込みとなり、貯蓄性の高い終身保険よりもはるかに多い保険料を払わねばならない。

そのうえ、満期が来ればすべてゼロになり、莫大《ばくだい》なお金を保険会社にタダ取りされることになる。ただし、定期保険は全く利用価値がない訳ではない（詳細は、206ページ参照）ので、あなたにとってどちらにメリットがあるか、改めて考えてもらいたい。

◆『共済』も一生涯の保障としない

共済も保険料（掛金）が安い。特に「割戻し金」があると、安い掛け金がさらに安くなり、とても魅力的だ。

しかし、なぜ生命保険よりも共済が安いのか、あなたは考えたことがあるだろうか？

掛金の安いことに目を奪われがちだが、共済の最大の欠点は、「原則的に平均寿命まで、ちゃんとした保障が続かない」ことだ。

つまり、加入者のほとんどが、平均寿命の前で保障をなくしてしまうか、または保障があっても、死亡通知を出すハガキ代ぐらいでしかない。

結果的にその人たちの掛金は、共済のタダ取りだ（詳細は、73ページ参照）。

◆「月払い」より「半年払い・年払い」

生命保険の保険料は、圧倒的に「月払い」が多い。

しかし、保険料の払い方には、①月払い②半年払い③年払い④一時払い、の４種類があり、①から④にいくほど、割引が多い。月払いより年払いにすることで、銀行へお金を預けるよりも、よほど利子を稼いでくれる。

また、年払いのうち、何年分かをまとめて払うことを「前納」といい、全ての期間を前納することを「全納（又は全期前納）」と言う（「一時払い」との違いは次を参照）。

✓「一時払い」と「全納」の違い

割引率の一番高い「一時払い」は、保障期間の途中で加入者が死亡しても、払い込んだ保険料は一切返還されない。

一方、これが「前納」の場合、未経過期間の前納保険料分は保険金と一緒に返還される。

このふたつは、よく間違えやすいので注意が必要だ。

したがって、保険会社の担当者から「まとめてお支払いになりますか?」と聞かれた場合、それが「一時払い」か「年払いの全納」なのかを確認するとともに、それぞれの割引額を尋ねてもらいたい。きちんと説明できない担当者から加入しない方がよいのは、言うまでもない。

◆「団体扱い」の落とし穴

職場で保険料が給料から天引きされる「団体扱い」の加入は、団体割引があるからと、割引に気を奪われがちだ。

しかし、これは「木を見て森を見ず」状態に陥り、自分の望みとは異なる保険に入ってしまう人がなんと多いことか。もっと視野を広げてほしい。また、団体扱いでも割引があるとは限らない。（詳細は、170ページ参照）。

◆保険料を「滞納」しない

生命保険に加入すると、保険契約者は保険料を支払う「義務」が生じる。

この義務を怠り滞納した際、その保険に解約返戻金があれば、自動的にその中から保険料として貸付け、振り替えてしまう。これを「自動振替貸付」というが、これは保険会社にためておいた貯金から、自動的に保険料に使われたことを意味するので、将来、解約返戻金を当てにしている人は要注意だ。

一方、自動振替貸付によって保険の効力は有効なので、保険料が払えなくなりそうなときには、自動振替貸付で保険を継続させるか、解約して保険を失効させる代わりに解約返戻金をもらうかを、よく考えてほしい。

なお、解約返戻金の金額は、契約者本人が保険会社に問い合わせれば、確認できる。

また、「アカウント型」のような最近の商品や、保険に加入した月日が浅いものは、解約返戻金はほとんどない。いずれにしても、保険料は滞納しないことが一番だ。

◆保険料だけではなく受け取る「保険金」も考える

保険料の節約ばかりに気を取られ、肝心の保険金を受け取ったときに余計や税金を取られたのでは、「小手先の節約術」などナンセンスになってしまう。

受け取る保険金は、死亡保険金か満期保険金かによって、また、その契約形態（契約者・被保険者・保険金受取人の関係）によって、課税される税金の種類が異なる。契約形態による税金の節約（節税）も、大きな節約術だ。

したがって、加入または検討している保険について、保険会社の担当者に「保険金の受け取りに際して、税金面で注意することは何か？」と尋ねてもらいたい。きちんと説明できない担当者から加入するかどうかは、言うまでもない。

なお、あなた自身も例えば、独身で保険に加入して結婚した際には、「保険金受取人」を親から妻に変更することぐらいは、すぐにやってもらいたい。手続きは、電話一本で書類を用意してくれるはずだ。

第４章

生命保険の基本的な特徴を押さえよう

㉙生命保険の「基本の形」は？

「生命保険は、全部で何種類ぐらいあるか？」

という質問をすると、

「1000種類とか1500種類ぐらいはあるのでは？」

という答えが返ってくるのは良い方で、ほとんどの人が「わからない」と答えるだろう。

そもそも、生命保険という「簡単な」商品を、難解に仕立て上げたのは日本生命だ。

昭和45年（1970年）11月に、『養老保険』と『定期保険』を1対1で組み合わせた「ニッセイ暮らしの保険」を発売したのが、**『抱き合せ保険』**の元祖である。

この保険は当時、「保険を解約しても解約返戻金が返ってこない」という加入者の不満を解消するために考え出された。

内容は、掛け捨ての定期保険に解約返戻金のある養老保険を抱き合わせたものだが、当時は「画期的」と言われた。

確かに、両方の保険とも保障期間・保険の終期が一緒で、「満期」があるという点では、目的が一致した保険だ。

しかし、保険会社としては、満期に「満期保険金」を支払う『養老保険』よりも、被保険者が死亡するまで保険金の支払いを先延ばしできる『終身保険』の方が、保険会社にとっては都合がよいと、養老保険は終身保険に取り替えられた。

これが、悪名高い『定期保険特約付終身保険』だ。

日本生命はこの手の保険を、今でも堂々と販売している。

これに変わって誕生した保険史上最悪の『アカウント型保険』は、明治生命（安田生命と合併する前の）が平成12年（１９９０年）４月に販売を始めた。

こういう経緯を客観的に見ると、日本の、特に「漢字系」といわれる社名が漢字の会社（破綻して外資に吸収され、カタカナ社名になった会社も含む）は、商品が悪い方へ悪い方へと進んでいるようにしか見えない。

これでは善良な消費者は、錯覚しやすく誤解された情報の中で**「本当に必要な保険が何であるか？」**を判断する力が養えず、ズルズルと泥沼の深みにはまっていくだけだ。

ところで、生命保険の基本の形は、信じられないかもしれないが、１９３ページ図11のように、たったの**3種類**しかない。

実際、この3種類の**①死亡保険②生存保険③生死混合保険**の、何も抱き合わせない「単体保険」だけで目的は達成できる。

しかし、今の保険は、この3種類の保険を押しつぶしたり伸ばしたり、あるいは性質の違う保険を抱き合われたりして、ゴテゴテと装飾のように特約で飾り立てて、目先をごまかして販売しているに過ぎない。

消費者が沢山あると思いこまされた保険は、目的の違う保険の『抱き合わせ保険』か、特約をクリスマスツリーのように飾りつけた**『ムダ保険』**なのだ。

図11は、3つの保険の基本型を表したものだが、それぞれの特徴を記しておこう。

①死亡保険……被保険者が死亡または高度障害の場合に、保険金が支払われる。死亡保険のうち、保険期間が定まっているものを『定期保険』といい、保険期間が一生涯（終身）に渡っているものを『終身保険』という。

②生存保険……契約してから一定期間が満了するまで、被保険者が生存していた場合に

図 11　生命保険の３つの基本型

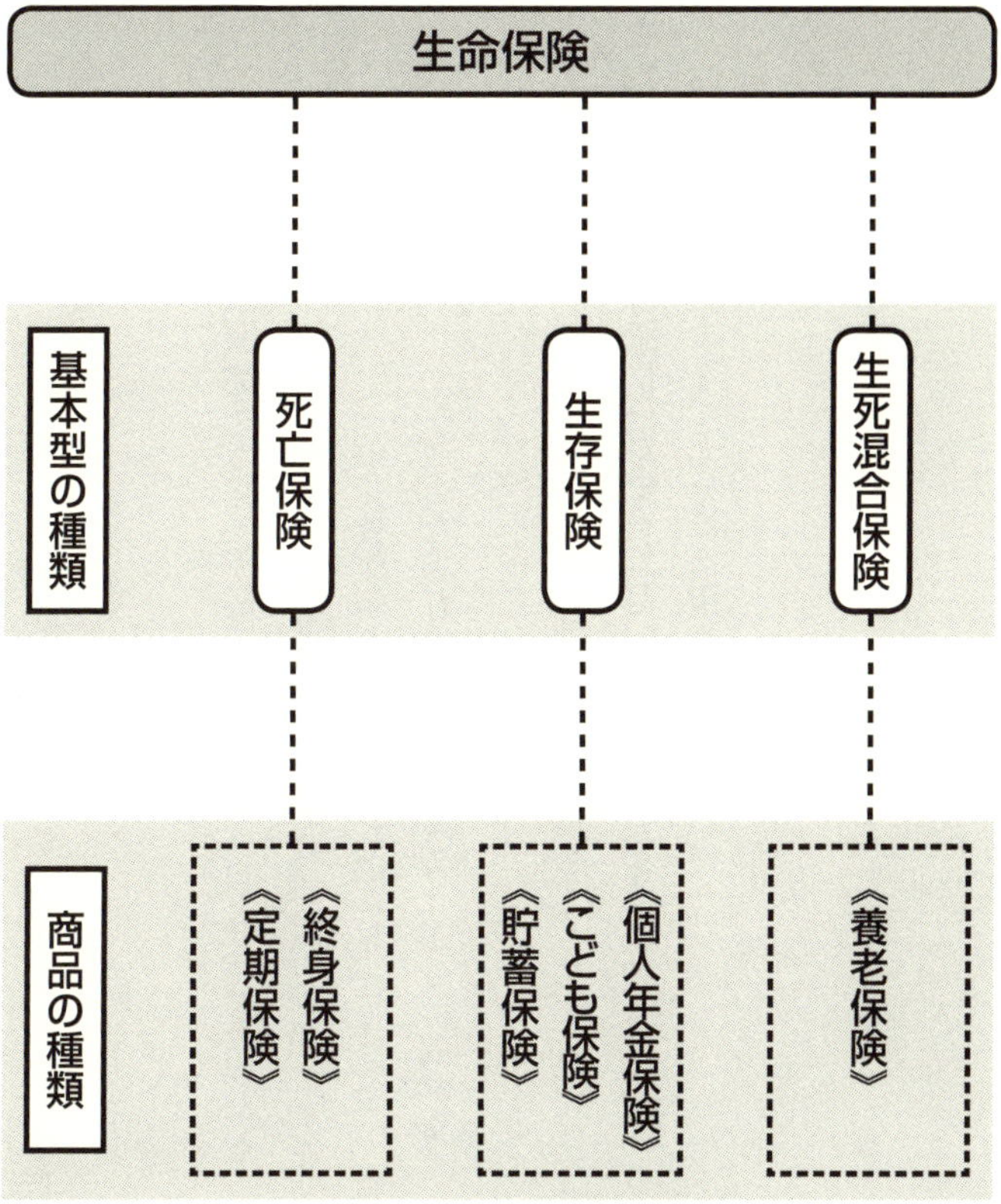

ポイント　生命保険に加入するのがいかなる理由であっても、上記の単体商品だけで「目的」は達せられる

保険金が支払われるもの。『個人年金保険』『貯蓄保険』『こども保険』などが、これにあたる。

③生死混合保険……死亡保険と生存保険を組み合せた保険で、必ず「満期」があるのが特徴。『養老保険』が代表で、保険金額を決めたら、保険期間の途中で被保険者が死亡すれば「死亡保険金」、被保険者が無事に満期を迎えた場合は「満期保険金」が受け取れる。

このように、シンプルな保険を「単体」で利用しても必ず目的は達せられるので、くれぐれも**抱き合わせ保険には加入しないこと**が、損をしないことであり、賢明だ。

93ページ図8の表を、充分に活用して頂きたい。

㉚養老保険

日本の生命保険といえば、終戦直後までは『養老保険』がどの会社でも主力商品だった。養老保険は、死亡しても満期を迎えて生存していても、同額の保険金が支払われる。

養老保険を「無用な保険」という保険評論家もいるが、それは、この保険の本当の利用価値を知らない人だ。

例えば、将来、そのお金を使いたい年月に満期を合わせれば、それまでの期間はしっかりと死亡保障を得ながら、無事であれば目的の時期に使いたいお金を手にすることができる、という便利で楽しい保険だ。

「それでは貯金と同じじゃないか」

という声があるだろうが、預貯金が単なる「積み重ね」でしかないのに対して、養老保険は第1回目の保険料を支払って契約が成立した瞬間から、死亡保障額を確実に確保したことになり、あるいは希望した満期時に、同額の満期保険金が受け取れる。

そこで、「**貯金は三角、保険は四角**」とよばれている（197ページ図12参照）。

ちなみに、保険の中で一番貯蓄性が高いゆえに、あらゆる保険の中で保険料は一番高い。

しかし、保険料が高いのは欠点ではない。なぜか？

それは、保険料の「**平準化**」と関係している。

平準化とは、年齢ごとの死亡率をもとに保険料を決めると、死亡率の低い若者は保険料がより安く、死亡率が高い熟年層・老年層は保険料がより高くなるので、高齢者層の保険料を削ってより安く設定し、その分を若年層に上乗せして平均化することだ。

つまり、保険料が年齢に応じて右肩上がりになる傾斜を、緩やかにすることを意味する。

養老保険は、この平準化が他の保険よりも一番顕著になっている（１９９ページ図13参照）。

例えば、10年満期の養老保険の保険料は、20歳男性に比べて60歳男性の保険料は、わずか１・０７倍でしかない。

これが同じ10年満期の掛け捨ての『定期保険』だと、実に６・５７倍にもなる。なお、65歳だと、20歳の10・０７倍だ。

このように、平準化された養老保険の保険料を見ると（１９９ページ図14参照・男性の場合）、他の保険より「若いときに入ったから得する」「歳をとってから入るのは損だ」という保険ではないことがわかる。

図 12　貯金は三角、保険は四角

預貯金

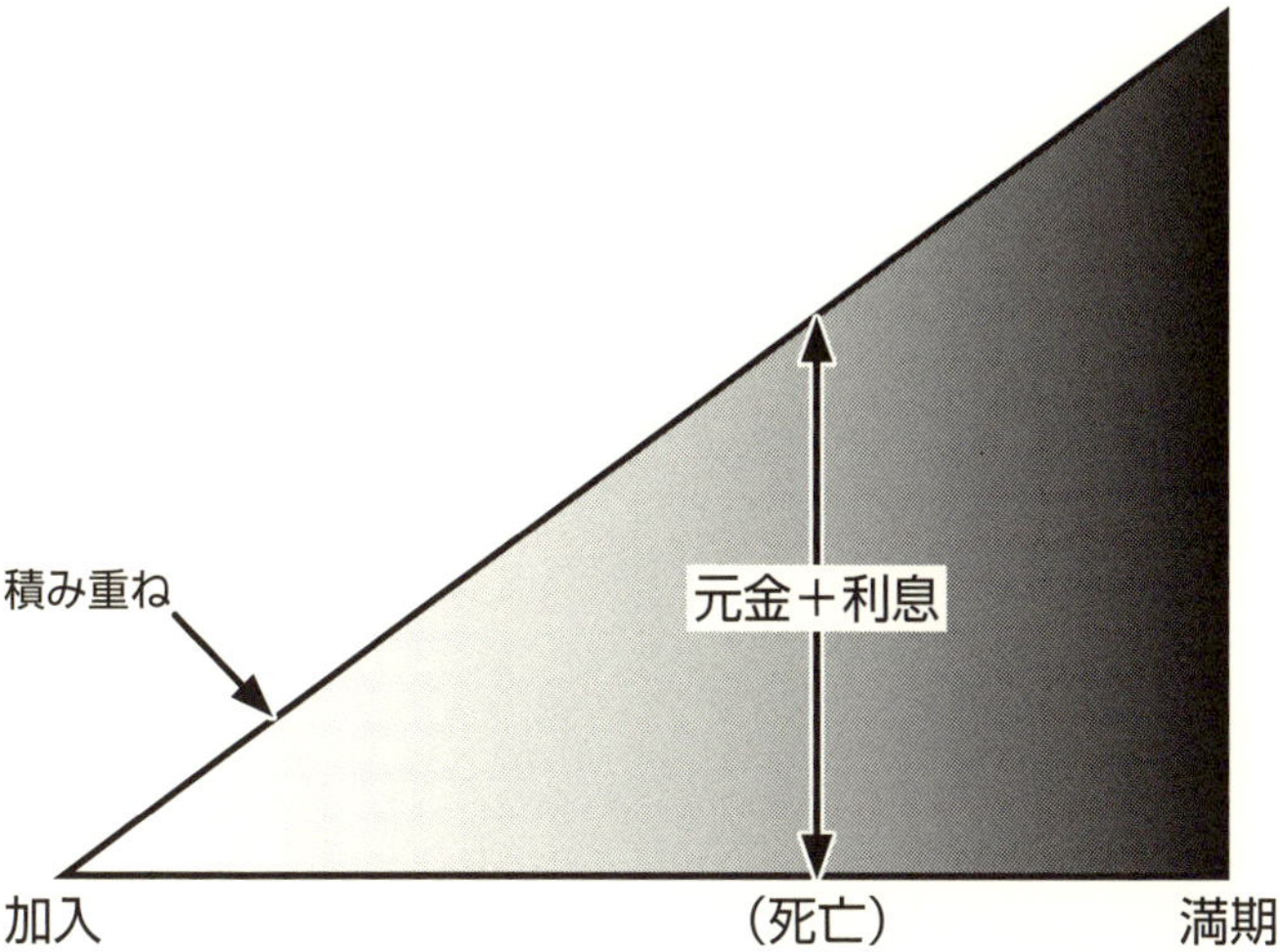

養老保険

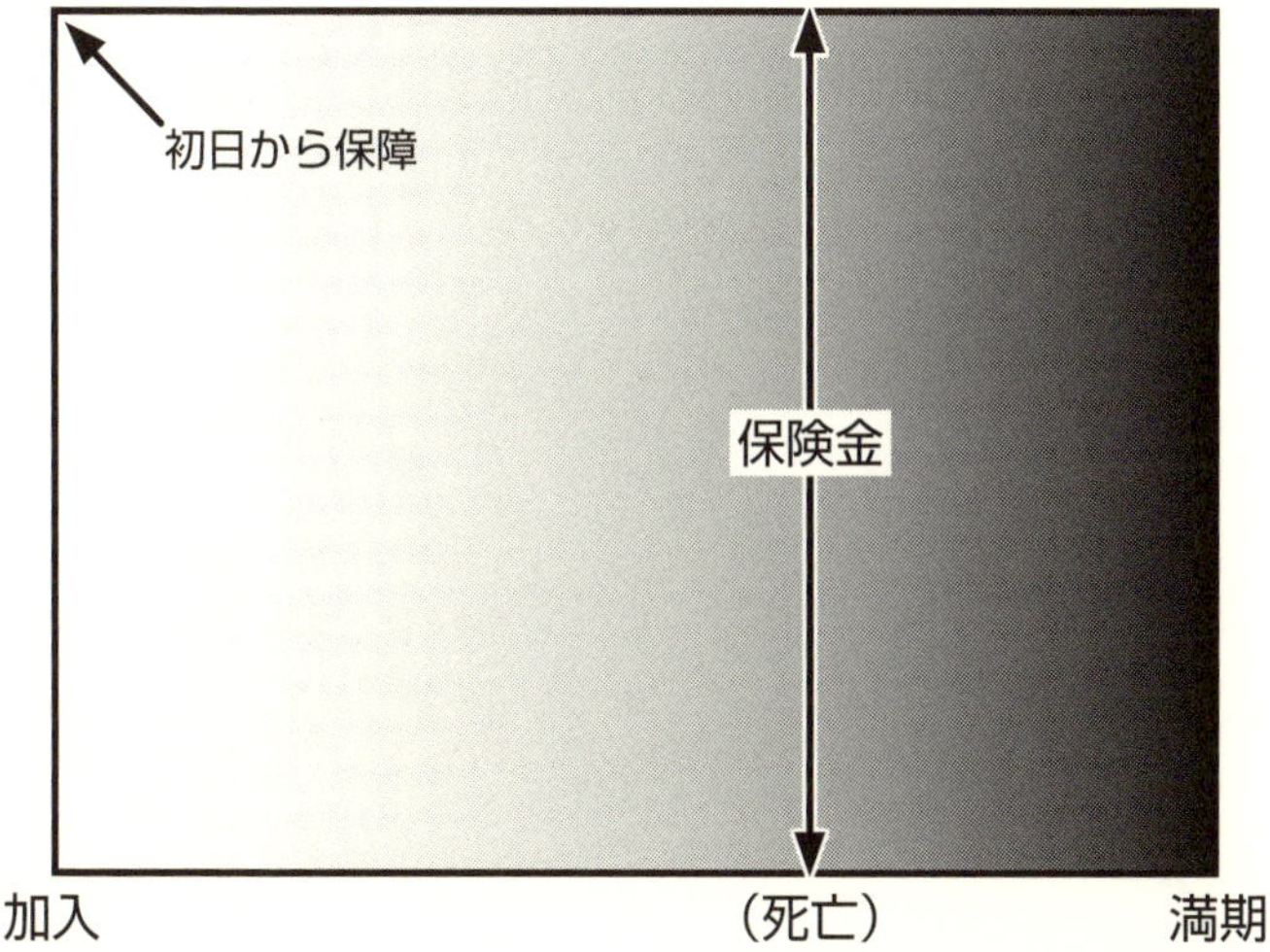

また、掛け捨ての定期保険は、年齢が高くなればなるほど不利な保険だということもわかるだろう。

したがって、将来、子供の教育資金や結婚資金・独立資金・生前贈与など、**お金を使う目的がはっきりしている場合や、企業が役員の退職準備金を用意する場合には、養老保険の利用価値は高い。**

図 13　養老保険と定期保険の保険料平準化比較

（保険金 1000 万円あたり・10 年満期）

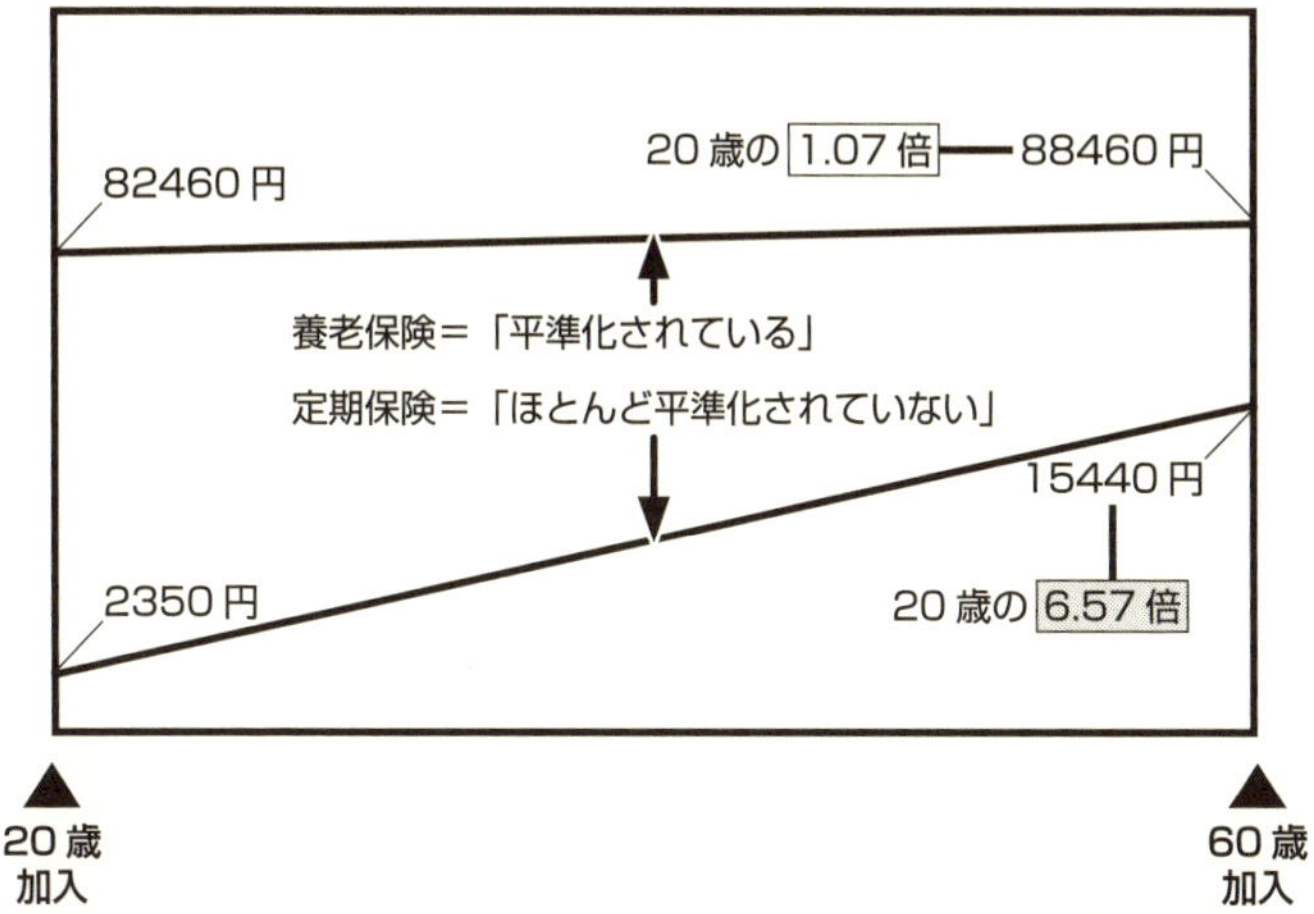

図 14　養老保険の保険料比較表

（保険金 1000 万円あたり・無配当保険）〔単位＝円〕

加入年齢	10 年満期	15 年満期	20 年満期	25 年満期	30 年満期	60 歳満期	65 歳満期	70 歳満期
20 歳	82460	53140	38960	30210	24470	17530	15380	13770
25 歳	82410	53120	38990	30290	24600	20650	17820	15770
30 歳	82460	53210	39150	30510	24900	24900	21060	18370
35 歳	82650	53470	39480	30940	25460	30940	25460	21770
40 歳	83020	53910	40050	31660	26370	40050	31660	26370
45 歳	83570	54640	40970	32820	27820	54640	40970	32870
50 歳	84530	55840	42470	34680	30180	84530	55840	42470
55 歳	86170	57780	44890	37750	34050	－	86170	57780
60 歳	88460	60730	48760	42730	－	－	－	88460
65 歳	92360	65870	55520	－	－	－	－	－
70 歳	99540	75270	－	－	－	－	－	－
75 歳	112690	－	－	－	－	－	－	－

㉛ 終身保険

一生涯に渡って「死亡」を保障するのが、『終身保険』だ。ただ最近は、満期が平均寿命よりも長い、90～99歳満期の『長期の定期保険』もあり、競合している（詳しくは、次の『定期保険』の項を参照）。

一昔前まで、終身保険といえば、単に「一生に渡って、一定の契約額を保障する」保険でしかなかったが、今ではその他、運用によって保険金が変化する『変額保険』（詳細は、213ページ参照）や、保険料の払い込み終了までは解約返戻金が少なく、払い込み満了後は解約返戻金が合計保険料より多くなる『低解約返戻金型終身保険』などがある。

終身保険の最大の特徴は、被保険者（保険金対象者）が**死亡するまで保障の切れ目がない**点だ（205ページ図15参照）。

さらに、様々な特長があるので、それを最大に発揮させれば、こんなに利用価値のある便利で有利な保険はない。特長は以下の通りだ。

①一生涯の死亡保障が続くので、保障の切れ目がないのが安心。将来的にお金を渡したい人に「保険金」という形で確実に渡せる。妻子への生活保障や、負債の清算に最適

②定期保険のように、保険料を死亡するまで払わなくて良い。一般的には定年（60歳か65歳）までに払い終わるのが理想的（ただし「終身払込」も選択できる）

③相続対策や相続税対策、財産分与に最適

④貯蓄性が高いので、死亡保障を得ながら計画的に貯められる

⑤保険期間の途中で急に資金が必要になったとき、その時点の解約返戻金の90％まで、即日、資金を調達できる（契約者貸付）。その際、特に担保は必要なく、返済の催促もない（ただし、借入金の元利合計が解約返戻金を超えた時点で、保険契約そのものが失効してしまうので、注意が必要）

⑥いつでも、解約して解約返戻金を使うことができ、保険料払い込み終了以降は、任意で解約返戻金の全額または希望額を「年金」に移行させることが可能

⑦「有配当型」の場合、加入後3年目からもらえる「配当金」を、いつでも請求できる

⑧保険料は、支払い期間が短いほど月額保険料は多いが、合計保険料では、支払い期間が短いほど少なくて済む

⑨会社（法人）が役員保険として利用した場合、保険料は資産勘定処理となり、損金にはできないが、会社の資産（体力）が知らず知らずのうちに増強される

⑩会社（法人）が役員保険として利用した場合、受け取り保険金は定期保険のように全額が課税対象ではなく、受取保険金から既払い保険料を差し引いた残額が課税対象となるだけで、課税額を圧縮できる

⑪会社（法人）が企業の継承維持対策、役員退職金対策として考えるのに最適

ちなみに、終身保険の中に『積立利率変動型終身保険』がある。

通常の終身保険は、保険金額が加入時からずっと変わらないのに対して、この保険は保険料の運用によって、好調の場合は運用益の分だけ保険金額・解約返戻金額が増え、一旦増えた金額が減ることは、原則としてない。

また、運用が不調でも、運用利率の最低保障がされているので、加入者にとってはとても有利な保険だ。なお、積立利率変動型終身保険は、現在７社（52ページ参照）からしか発売されておらず、大いに利用を考えたい（保険料比較は２０５ページ図16参照）。

✓「不当表示」と思える『アカウント型保険』に注意

漢字系生保が発売している『アカウント型保険』（詳細は44ページ）は、正式名称を『利率変動型積立終身保険』と称している。

この名称の文字を、先の『積立利率変動型終身保険』と見比べて頂きたい。

・利率　変動型　積立　終身保険➡NO
・積立　利率　変動型　終身保険➡OK

使用されている文字は全く一緒で、配列が変わっているだけだが、保障の内容は天と地ほどの差がある。まるで「幸福と不幸の分かれ道」のようだ。

『利率変動型積立終身保険』の『アカウント型保険』は、保険の中に**「終身保障」される部分は何もない**。もう一度繰り返すが**全くない**。

あるのは、自分の貯金でありながら、自由に使えない制約のついた「アカウント」と称する貯金だけだ。

貯金だから、当然、死亡保障などない。

「こういう保険が好きだ」という人には何も申し上げることはないが、研究もせず「うっかり」このような保険に入ってしまったら、一家全員が泣くことになるのは、想像できる。

図 15　終身保険のイメージ

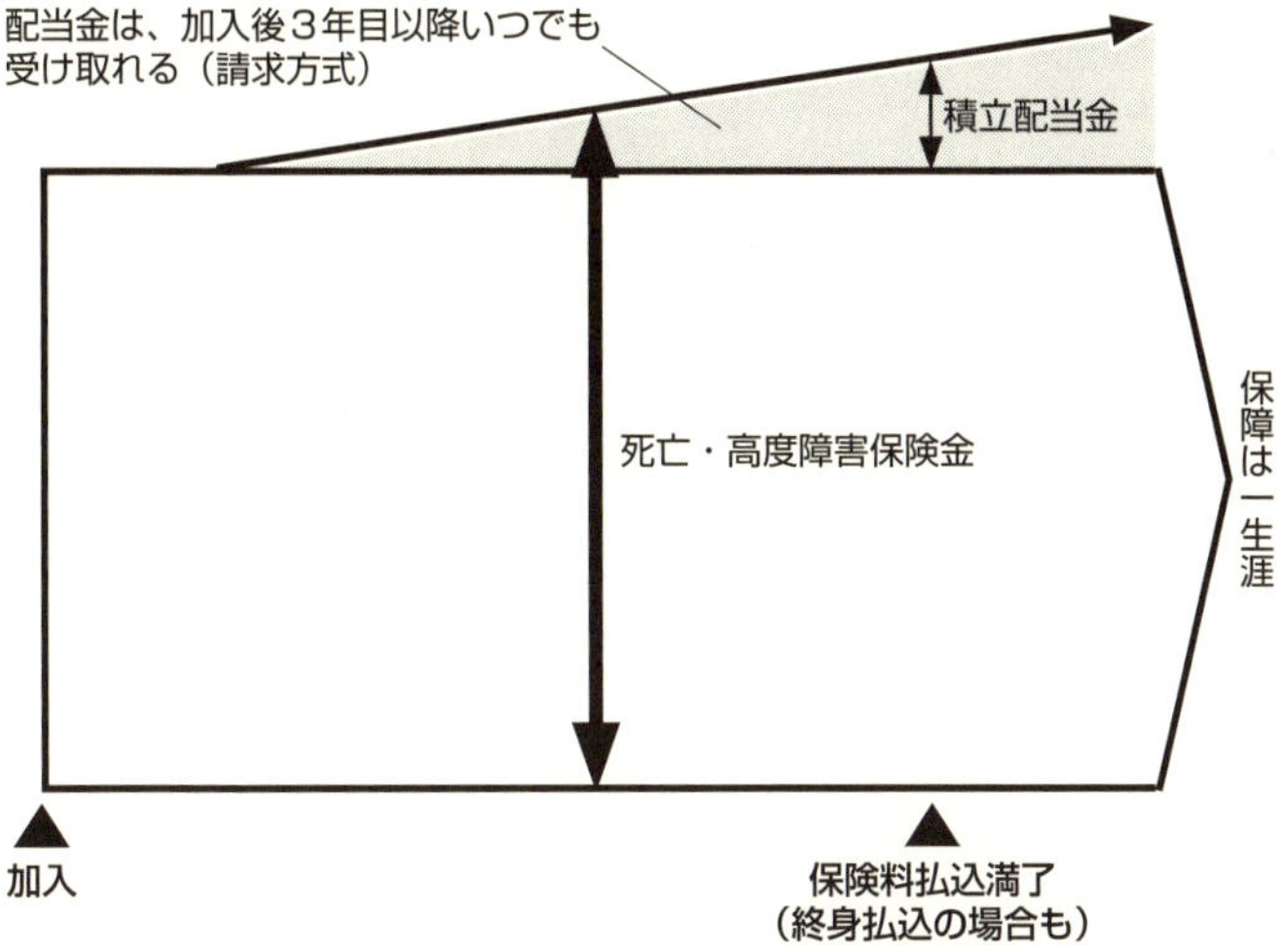

図 16　積立利率変動型終身保険の保険料比較表

（保険金 1000 万円あたり）

加入年齢	60 歳払済	65 歳払済	70 歳払済	75 歳払済
20 歳	12770 円	11890 円	11230 円	10750 円
25 歳	15130 円	13880 円	12970 円	12320 円
30 歳	18380 円	16520 円	15230 円	14330 円
35 歳	23060 円	20160 円	18230 円	16930 円
40 歳	30200 円	25330 円	22300 円	20350 円
45 歳	40820 円	32300 円	27460 円	24510 円
50 歳	61790 円	43770 円	35120 円	30310 円
55 歳	−	66330 円	47660 円	38880 円
60 歳	−	−	71780 円	52560 円
65 歳	−	−	−	78800 円

㉜ 定期保険

いろいろな種類の保険がある中で、保険料が安い代表的なものが『定期保険』だと思われている。それはある意味、間違いではない。

しかし、計算してみると、定期保険ほど高い保険もないのだ。

こう書くと、不思議に思われる人も多いと思う。なぜそうなのか？

実際に計算してみるとわかるが、**定期保険が安いのは「若い人」「一時的な場合（短期間）」**という条件がある。

例えば、２０７ページ図17を見て頂きたい。これは、一生涯の保障として30歳の男性が定期保険と『終身保険』を利用した場合の計算例であるが、安全圏（※）の88歳まで保障を得ようとすれば、保険料が安いと思われた定期保険は、終身保険の約２・６倍もの保険料を払うことになる（※平均寿命に平均余命を足した年齢。全ての男性が平均寿命の79歳で必ず死亡する訳ではない。79歳まで生きた人の平均余命は９・０４年あり、足すと88歳。ここまで保障があれば一応は安心……という年齢）。

図 17　定期保険と終身保険の保険料比較表

定期保険　加入時の保険金額＝ 1000 万円

〔保険料〕（30 歳～ 88 歳まで）		
	月額保険料	支払合計額
30 歳～ 40 歳	2510 円	30 万 1200 円
40 歳～ 50 歳	3840 円	46 万 800 円
50 歳～ 60 歳	7370 円	88 万 4400 円
60 歳～ 70 歳	15440 円	185 万 2800 円
70 歳～ 80 歳	38320 円	459 万 8400 円
80 歳～ 88 歳※	10 万 3490 円	993 万 5040 円
（80 歳時に更新できると仮定）	支払総合計	1803 万 2640 円

終身保険　加入時の保険金額＝ 1000 万円

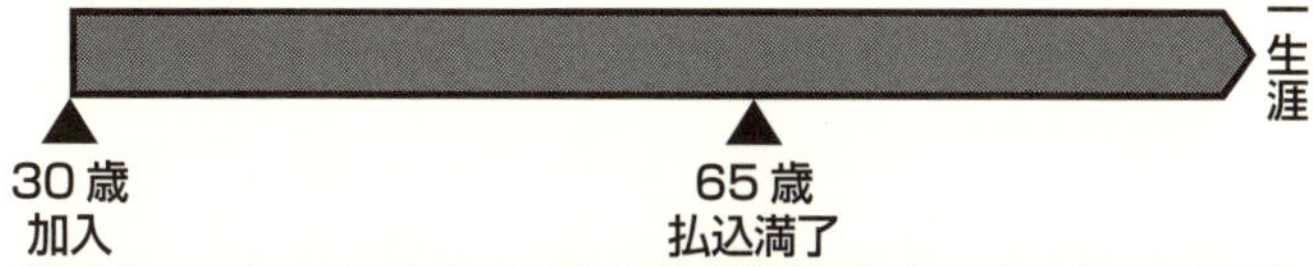

〔保険料〕（30 歳～ 65 歳まで）		
	月額保険料	支払合計額
30 歳～ 65 歳	16520 円	693 万 8400 円

ポイント　終身保険は定期保険に比べて、保険料の支払が少なく長期の保障が得られる

「信じられない」という人は、改めて207ページ図17をよく見て頂きたい。

定期保険で10年間だけ保障を得たい場合は、安い期間もあるかもしれないが、それは若いうちだけ。続けていけば、満期が来ないうちに死亡しない限り、掛け捨てなので保障も保険料も解約返戻金も、全てがゼロになってしまう。

誰かの「保険は掛け捨てにしなさい」という言葉や定期保険を勧める新聞・雑誌などの記事を信じれば、泣くのはあなただ。

では、「定期保険は利用価値が全くないか?」というと、そうではない。

一生涯に必要な保障は終身保険などで確保した上で、ある一定期間だけ保障を厚くしたいという「**期間限定**」の場合、「保険料が安い」という最大の魅力を大いに利用して、定期保険を利用するのは最善の策だ。

ただし、その「期間限定」も5年か、長くても10年間までだ。

ここで定期保険の特徴を挙げてみよう（欠点ばかりが目につくが……）。

①死亡率が高い4歳までの乳幼児は、加入できない

②保険料の平準化はほとんどなく、年齢が上がるにつれて保険料も急上昇する（２１１ページ図18参照）

③他の保険は、保険期間が長くなるほど保険料が安くなるが、逆に高くなる

④満期があり、以降は無保障状態となる

⑤満期が来ても、満期保険金はない（有配当保険であれば、少額の積立配当金と満期時配当金がある場合もある）

⑥途中で解約しても、解約返戻金はないか、あってもごくわずか。ないに等しい

⑦保険料の払い込みは、満期、または死亡するまで続けなければならない。平均寿命、または安全圏まで払い続けると、結果的に終身保険より多くの保険料を払うことになる

⑧貯蓄性はゼロなので、契約者貸付（キャッシング）は利用できず、当然、自動振替貸付（解約返戻金の範囲内で保険料を立て替えること）も受けられない。

したがって、保険料を2ヶ月滞納すれば、契約が失効してしまう（ただし、『長期定期保険』のように解約返戻金があるものは例外）

このように、定期保険の特徴をよく見ると、長所といえるものがほとんどなく、どちらかといえば欠点が多い保険だ。定期保険を選ぶときは、以上のことを承知の上で選んで頂きたい。

他にもある『定期保険』の種類

・**逓増《ていぞう》定期保険**……前述の定期保険は正式名称を『平準定期保険』といい、契約時の保険金額は、常に一定額だ。これに対して『逓増定期保険』は、文字通り保険金が増えていく保険のこと（211ページ図19参照）。

この保険の利用価値は、事業の規模が拡大するのに合わせてその都度保険に入り直し、保障額を大きくしていく面倒がなく、徐々に

図 18　（平準）定期保険の保険料比較表

（保険金 1000 万円あたり・無配当保険）〔単位＝円〕

加入年齢	10年満期	15年満期	20年満期	25年満期	30年満期	85歳満期	90歳満期	95歳満期	99歳満期
20歳	2350	2350	2420	2570	2800	8340	9790	10110	10260
25歳	2310	2430	2630	2900	3290	9360	10680	11410	11570
30歳	2510	2760	3110	3570	4170	10630	12180	13020	13220
35歳	3000	3410	3970	4680	5570	12240	14050	15040	15290
40歳	3840	4500	5360	6400	7680	14250	16410	17580	17870
45歳	5170	6220	7460	8980	11060	16790	19370	20800	21140
50歳	7370	8890	10640	13130	16420	20050	23200	24940	25360
55歳	10670	12820	15830	19840	24310	24310	28210	30400	30930
60歳	15440	19190	24200	29820	34800	29820	34800	37610	38310
65歳	23670	30080	37350	43870	−	37350	43870	47650	48590
70歳	38320	48000	56900	−	−	48000	56900	62180	63530
75歳	63070	75810	−	−	−	63070	75810	83720	85350

図 19　逓増定期保険・逓減定期保険のイメージ

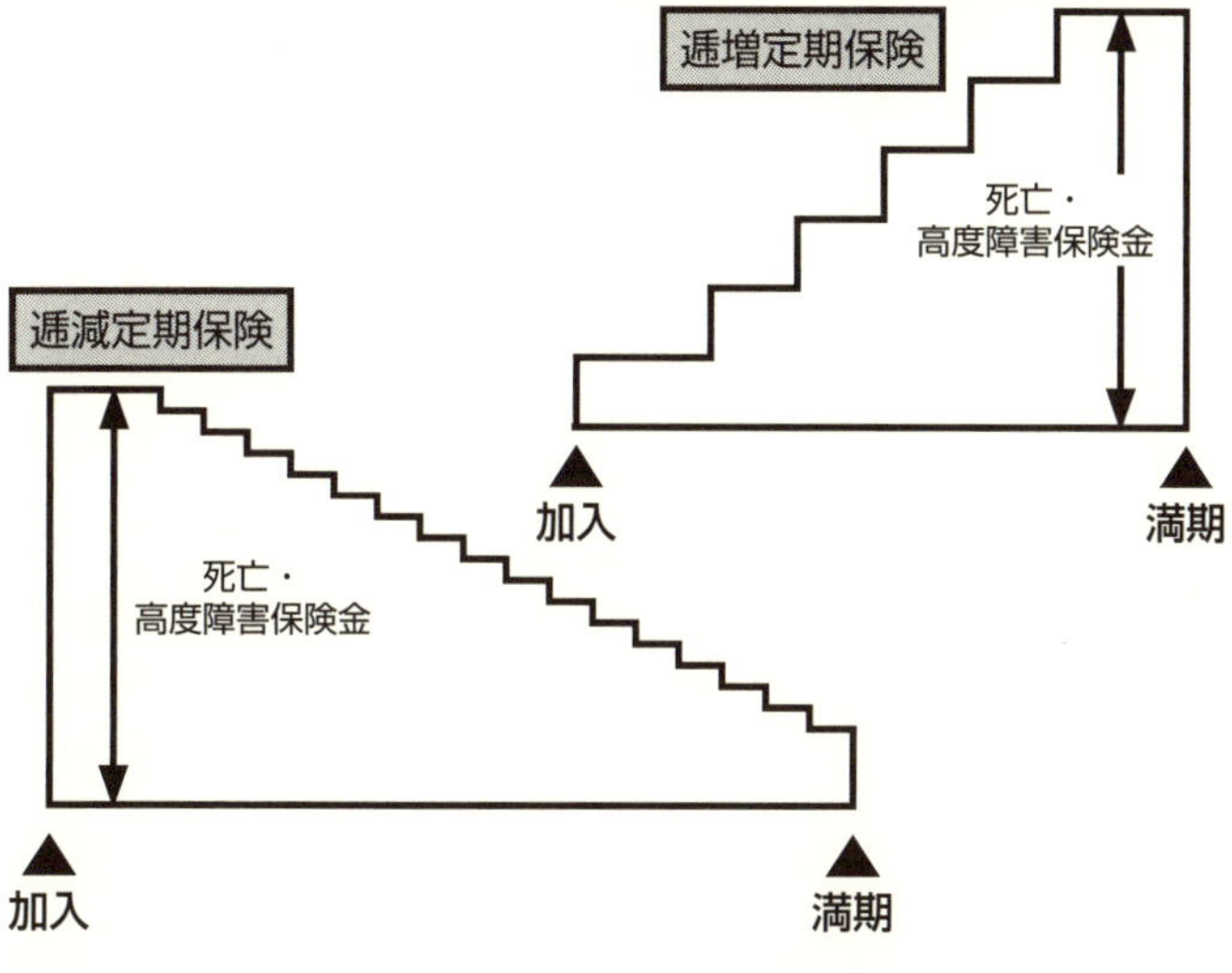

保険金が増えていく点だ。当然、**保険料は高い**。
なお、保険金額の増え方は、会社によってまちまちなので、加入時に確認してほしい。

・**逓減《ていげん》定期保険**……逓増定期保険に対して、『逓減定期保険』は逆に、保険金額が徐々に減っていく保険のこと（211ページ図19参照）。
例えば、子供の教育費の保障の場合、幼稚園の入園～大学卒業までの期間、常に一定額の保障が必要ではなく、進学ごとに必要資金が減少していくのに合わせて保障額が減っていく点で、最適な保険だ。

保険料は、各種の定期保険の中で一番安い。

㉝変額保険

生命保険は、死亡保険金額を決めて加入後に、その金額が「変わらないもの」がほとんどだった。

しかしその後、保険金額が一定の金額ずつ減っていく『逓減保険』や、増加していく『逓増保険』が生まれ、さらに保険金が運用に合わせて増減する『変額保険』が生まれた。

この保険は、「運用分」の保険料を他の一般の死亡保険の保険料とは別会計で運用していて、仮に**運用結果が低調でも、契約した死亡保険金は最低保証される**仕組みだ。

ただし、途中で解約する場合、運用が不調だと**解約返戻金が元本割れする恐れがある**ので、注意が必要だ（２１５ページ図20参照）。

なお、保険料（資金）の運用は各社によって異なるが、一般的には加入者が、①株式型②日本成長株式型③世界コア株式型④世界株式型⑤債権型⑥世界債券型⑦総合型⑧短期金融市場型などの運用先から、運用割合を自分で選んで加入し、それに基づいて保険会社は、選ばれた運用先の割合ごとに資金を運用する（契約者は運用先を年12回程度まで変更できる）。

ちなみに、終身保険より若干保険料が安い（予定利率が少し高い）ので（215ページ図21参照）、運用を当てにするかしないかは別にして、**死亡保障だけを求めるのなら、終身保険より効率はよい**。

また、変額保険は終身保障タイプ（一生涯の保障がある）と、満期のある定期保障タイプ（一定期間の保障）があるので、どちらを選ぶかは加入者の自由だが、定期保障タイプは、満期時までの運用結果次第で満期金が大きく変わるので、注意が必要だ（元本保証タイプ・元本の90％保証タイプなどがある）。

いずれにしても変額保険の場合は、急に資金が必要で解約する事態になったとき、その時点の運用次第によって、解約すると元本割れの可能性もありうるので、家族への保障すべてを変額保険だけに託すのは賛成しがたい。

せめて、より堅実な『積立利率変動型終身保険』と、半々ぐらいにしておくのが妥当だろう。

図20　変額保険のイメージ（終身保障タイプ）

満期のある定期保障タイプもあります。

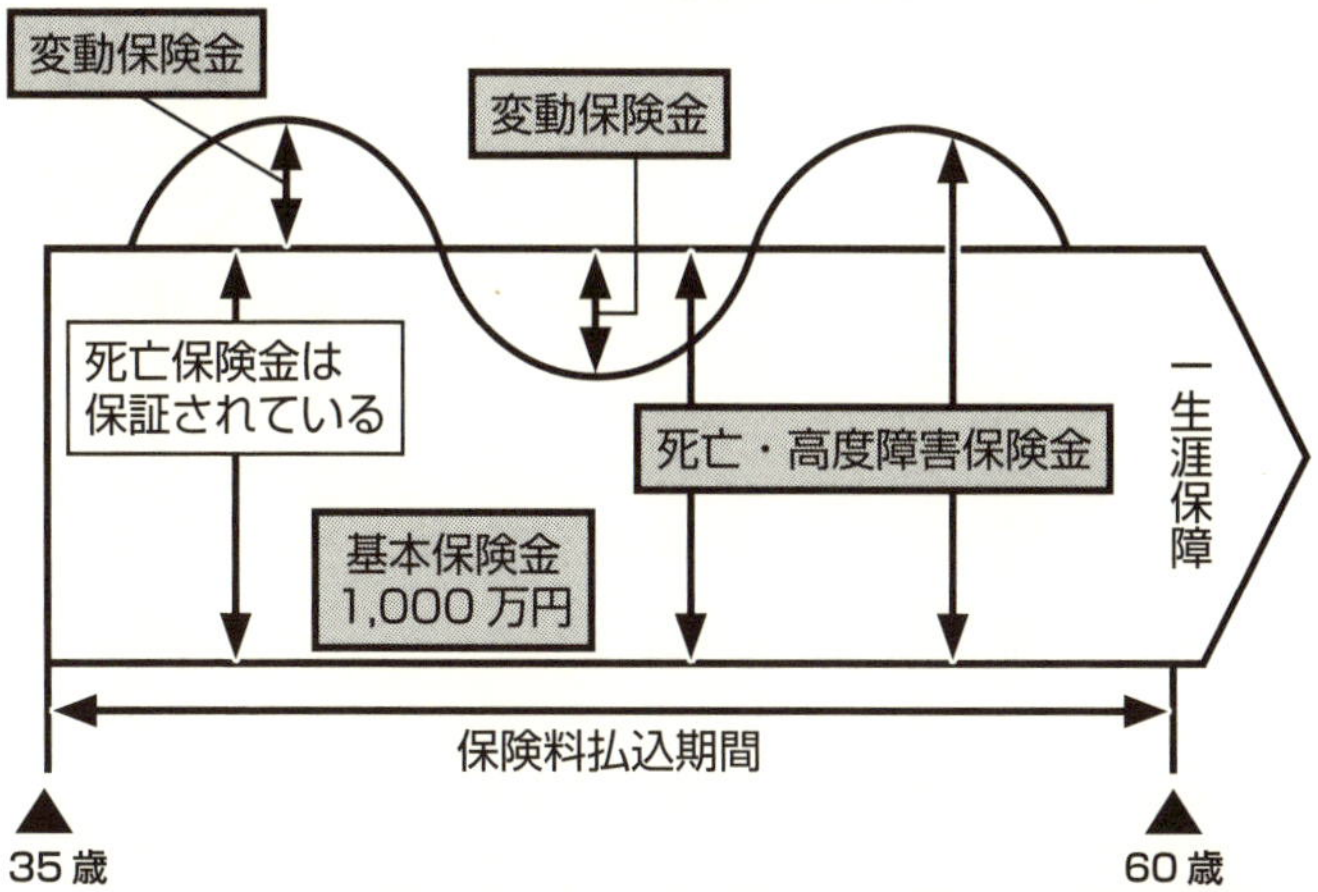

※途中で解約すると、解約金は元本割れする恐れがある

図21　変額保険の保険料比較表

（保険金1000万円あたり・無配当保険）〔単位＝円〕

加入年齢	3年払済	5年払済	10年払済	15年払済	55歳払済	65歳払済	75歳払済
20歳	－	－	34390	23090	11510	9930	9120
25歳	－	－	36700	24730	13870	11560	10440
30歳	－	－	39570	26760	17370	13810	12190
35歳	－	－	43050	29250	22820	16930	14510
40歳	－	－	47150	32220	32220	21450	17620
45歳	－	－	51930	35770	51930	28350	21850
50歳	110640	103380	54230	38590	－	38590	27240
55歳	176710	108970	58770	42680	－	58770	35240
60歳	189060	117550	64670	48000	－	－	48000
65歳	204720	128390	72450	55470	－	－	72450
70歳	223660	142140	83410	66810	－	－	－
75歳	246220	159910	99730	－	－	－	－

㉞収入保障保険（生活保障保険）

ある日、家計を支える一家の大黒柱（一般的には夫）が死亡した場合、死亡保険金は一括して一時金で受け取るのが通常だ。するとどうなるか？

一般的に、普段は手にしたことがない大金を手にすると、それまで抑制されていた欲望が爆発して気が大きくなり、「あれもこれも」と買い物に走る傾向が見られると言われる。

これは、お金を残す人（被保険者）の愛情の深さ、将来に対する気配りにもよるのだろうが、そうした「悲劇」を避けるため、保険金を一時金ではなく「年金形式」で受け取れるようにしたのが、この『収入保障保険』だ（会社によって名称は異なる）。

この保険は文字通り、**かって家計を助けていた被保険者の収入を、保険会社が代わって契約された保険金で支払うもの**で、例えば、月20万円であれば年間２４０万円、月に25万円であれば年間３００万円という具合に、希望する金額を保障してくれる。

なお、この保険もいろいろな種類があるので、選択には気をつけてほしい。

いくつかポイントを列記すると、

図 22　収入保障保険のイメージ

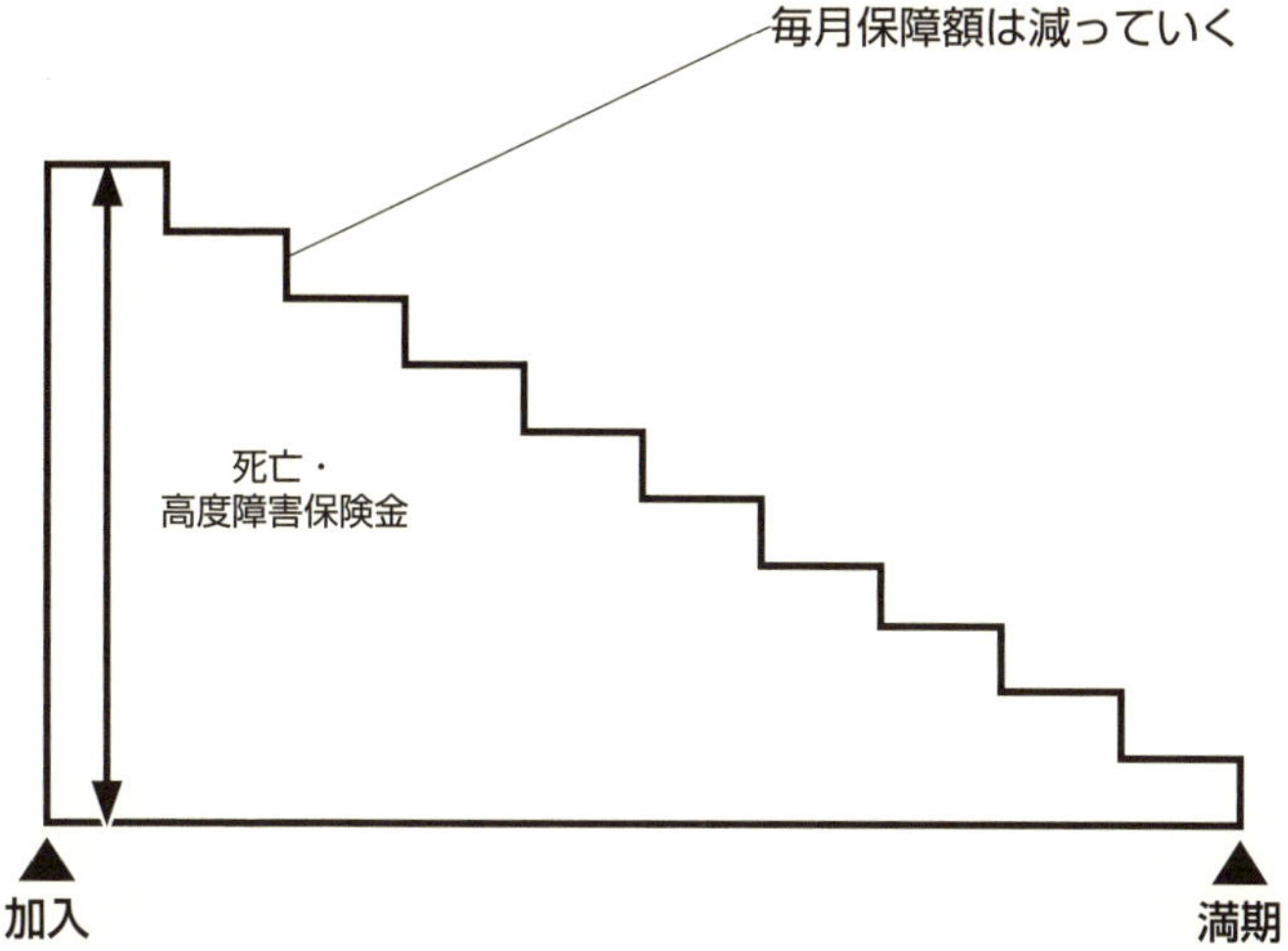

図 23　収入保障保険の保険料比較表

（給付金月額 20 万円あたり・定額型）

加入年齢	25 年満期	30 年満期	65 歳満期	70 歳満期
20 歳	−	−	7800 円	9800 円
25 歳	−	5120 円	8120 円	10400 円
30 歳	5240 円	6700 円	8660 円	11300 円
35 歳	7120 円	9360 円	9360 円	12420 円
40 歳	10180 円	13740 円	10180 円	13740 円
45 歳	14560 円	20100 円	10540 円	14560 円
50 歳	21540 円	30240 円	−	−
55 歳	32780 円	46640 円	−	−
60 歳	51700 円	73560 円	−	−
65 歳	84240 円	−	−	−
70 歳	12 万 3660 円	−	−	−

①保障は15年~30年間、または55歳~最長で90歳まで。その年齢までに被保険者が死亡しなければ、保障は終わってしまう。つまり、保険料は掛け捨てだ。

②支払われる保険金は、年金額が年々増えていく「逓増型」と、最後まで年金額が一定の「定額型」とがある。また、保険の終期1日前で死亡しても3年あるいは5年間分は保障してくれるタイプもある。もちろん、逓増型の方が保険料は高いが、いずれも原則として「掛け捨て保険」である。

③保険料の支払いは60歳または65歳が一般的であるが、保障が一生涯続き、保険料を支払い終わった後で死亡すれば、年金支払いが始まるタイプもある。これにも「逓増型」と「定額型」があり、当然、掛け捨て保険よりは、保険料が高い。

なお、保険の形（217ページ図22参照）は、212ページの『逓減定期保険』に似ており、通常の**『定期保険』よりも保険料が安い**（掛けすて）のが特徴だ（217ページ図23参照）。

㉟学資保険（こども保険）

子供が生まれると、親はもちろんのこと、おじいちゃん、おばあちゃんまでが孫の誕生を喜ぶものだ。

『学資保険』は、比較的抵抗なく入れる保険といえよう。

そのためか、セールス・レディ達も、子供が生まれた家庭にまずは、この保険からアプローチするケースが多いようだ。

また、被保険者の誕生前に入れるのも、この保険だけだ。

では、学資保険は本当に役に立つ保険だろうか？

ひと頃の学資保険は、どの会社の保険も加入者に有利な保険だったが、バブルが弾けて生命保険の「予定利率」が低くなってから、今ではほとんどの学資保険は、**『元本割れ**（受取金よりも払込保険料の方が多い状態）』してしまう有様だ。

当然、郵政民営化されたかんぽ生命の学資保険も「割安」イメージがあるが、例外ではない。

具体例として（男子の場合。契約者は30歳の男性）、

【期間】	【受け取り学資金】	【保険料】	【合計保険料】
３歳～18歳の15年間	５００万円	２８３５０円	５１０万３０００円

となり、５００万円の受け取りのために、５１０万３０００円を支払わなくてはならない。

また、２２１ページ図24は学資保険で代表的な日本生命の「ニッセイこども保険げ・ん・き・ＥＸ」についての表だが、子供のためになっても、親の財布のためにはならないことがわかると思う。

なお、元本割れしない学資保険を販売しているのは、ＳＯ社・ＤＡ社・ＳＵ社・ＭＩ社ぐらいで、それも長い年月をかけてプラスになる金額は、わずかな額だ。

しかも、途中で解約すると、解約返戻金は元本割れしてしまう。

子供のために保険に入るのなら、貯金しておいた方が賢明だろう。

図 24　「こども保険」と「積立」の比較

◆「ニッセイこども保険げ・ん・き・ＥＸ」に加入した場合

（合計受取金＝300万円・契約者＝30歳・こども＝0歳〜22歳満期・予定利率1.65%）〔単位＝円〕

加入後	月額保険料	年間保険料	累計保険料①	受取祝い金	受取理由	祝い金合計②	損益（②−①）
1年	13418	161016	161016				
2年			322032				
3年			483048				
4年			644064	10万	幼稚園入園	10万	▲544064
5年			805080				
6年			966096	20万	小学校入学	30万	▲666096
7年			1127112				
8年			1288128				
9年			1449144				
10年			1610160				
11年			1771176				
12年			1932192	30万	中学校進学	60万	▲1332192
13年			2093208				
14年			2254224				
15年			2415240	40万	高校進学	100万	▲1415240
16年			2576256				
17年			2737272				
18年			2898288	100万	大学進学	200万	▲898288
19年			3059304				
20年			3220320				
21年			3381336				
22年（満期）	13418	161016	3542352	100万	満期	300万	▲542352

最終損害額

◆上記と同じ保険料で同期間積み立てた場合

（積立利率は1.65%）〔単位＝円〕

積立後	月額積立額	累計積立額①	元利合計額②	積立損益（②−①）
3年	13418	483048	531763	48715
6年		966096	1016198	50102
9年		1449144	1563264	114120
12年		1932192	2138072	205880
15年		2415240	2742028	326788
18年		2898288	3376611	478323
21年		3381336	4043374	662038
22年（満期）	13418	3542352	4273058	730706

最終利益

※保険と積立との損益の差額：127万3058円

ポイント　満期になっても損をする保険に入るくらいなら、積み立てた方がよい

㊱医療保険

『死亡保障保険』は、被保険者が死亡したら、死亡保険金を誰か（一般的には家族）に渡す保険で、被保険者本人は何も得られない。いわば「献身的」な保険だ。

これに対して『医療保険』は、被保険者本人のための保険で、病気やケガで入院、または手術をした場合に支払われるため、こちらは「自己愛」の保険といえよう。

一方、「医療保険に入るくらいなら、その分を貯金したほうがよい」という人もいる。確かにそれも一理あるが、人間は往々にして完全にコントロールできない部分があり、「これは将来の病気のときの貯金だから」と、別にきちんとお金を残しておけるだろうか？

まず不可能だろう。

ただし、病院に入院して高額な医療費がかかる病気の場合は、「高額医療費」が補助される制度があるので、そんなに心配はいらない。

むしろ心配してほしいのは、病状によって、大部屋ではなく個室に入らなければならないときや、付き添いを頼むとき、食事代や寝巻き代、お見舞いの交通費など、思わぬ出費がある場合だ。公的保険ではまかなえない。また、職業によっては入院で収入減となったり、家族の入院によっては、家事に普段とは違う費用がかかったりすることもある。

そんなとき、医療保険で支払われる給付金は、医療だけではなく、それにまつわる費用全般を補填する、いわば**「収入補障保険」的な性質を持った保険**なのだ。

ところで、医療保険も各社いろいろ発売されていて、「保障のこの部分はいいが、こちらの内容がダメだ」という具合に、横一線上に並べて比較することがとても難しい。

結局のところ、医療保険として「最低限あるべき条件」と、その上で「自分に必要な保障」の2点を押さえて選ぶしかない。

医療保険を選ぶ際の、守るべき2点を箇条書きにしてみよう。

✓ 最低限あるべき条件

①保障は、加入時から「終身保障」があるもの（これは最低条件だ）

【解説】「保障期間10年」「払込期間10年」という保険に入ってはいけない。

なぜなら、10年ごとに満期を繰り返していく保険は、合計保険料がとんでもない金額となり、不経済この上ないからだ。

②「保険料の支払い」は、最長でも65歳で終わること

【解説】保険料の払い方で「終身払込」は、絶対に避けること。保険料の払い方は、原則として「55歳払済」「60歳払済」「65歳払済」「70歳払済」「終身払込」の5種類だが、定年後に年金生活者になり、少ない年金の中から払うのは避けるべきだ。

以上の①②の条件に照らし合わせれば、テレビや新聞で大々的に広告している保険は、選択肢から外れるだろう。

自分に必要な条件

①「一泊二日」の入院から給付金が支払われる「初期入院」は、保険会社がサービスで保障してくれる訳ではない。しっかりと、その分の特約保険料が組みこまれている

【解説】「初期入院」の特約保険料だけで、一生の間に4日の「初期入院」を5～6回入院しても、払った保険料の元が取れる計算だ。

乳幼児や少年時代であれば、やんちゃ盛りで事故も多く初期入院もあるだろうが、30～40代を過ぎたら、短期入院をそんなに繰り返すことは、まず少ないはず。

本当に質の良い医療保険は、「初期入院」が最初から組みこまれずに、必要な人が特約で選択できるようになっているものだ。

②「1回の入院限度」は、120日型が理想的

【解説】1回の入院限度は、「60日型」「120日型」「365日型」など色々あるが、入院がどんどん短期化している中でも、病気によっては60日型では心もとないケースは実際ある。

特に、高齢になると若者より入院は長期化するし、高齢になってから長期入院の保険には入り直せないので、若いときからの用意は欠かせない。

③「解約返戻金」はある方がよい

【解説】医療保険は、自分のために一生涯大事にする保険で解約は考えられない。

それなのに、なぜ解約返戻金が必要なのか？

それは、不測の事態に備えるためだ。

もし解約返戻金のないタイプだと、保険料を何らかの事情で2ヶ月滞納した場合に保険は「失効」してしまい、入り直すのには大変なリスクが伴う。

この「失効」を防いでくれるのが解約返戻金で、滞納保険料を解約返戻金が「自動振替貸付」で払ってくれることで、契約は継続できる。

なお、全く解約返戻金のない医療保険に入る際には、保険料の滞納は絶対にしてはいけない。

④「死亡保険金」はあった方がよい

【解説】「医療保険は自分のための保険だから、同じ保険で死亡保険金まで残すことはない」という考えの人もいる。

しかし、人生の最後をきれいに終わらせようとするのなら、せめて葬儀代や身辺整理代ぐらいはこの保険で残したい。

それに、もっと大事なことは、合計支払保険料から死亡保険金を差し引いた「実質保険料」を計算すると、死亡保険金のない保険は、保険料全額が掛け捨てになるのに対して、死亡保険金のある保険では「実質保険料」が安い。

どちらを選ぶかは、あなた次第だ。

⑤「手術給付金」の倍率は10倍・20倍・40倍

【解説】一般的な医療保険の手術給付金は、手術の種類によって入院給付金の10倍・20倍・40倍となっている（例えば、入院日額1万円の場合は、10～40万円）。

実際のところ、40倍の給付金が支払われる手術は、手術全体の約1割に過ぎない。20倍給付の手術が約2割で、残りの7割が10倍給付という割合だ。

これに対して「どんな手術でも一律に20倍」という保険もある。

自分の体質や病歴、そして職業・職種も加味して、どちらを選ぶかはあなた次第だ。

なお、長期入院で入院給付金の通算限度を使い切ってしまった後でも、手術給付金は請求できるので、忘れないようにしよう。

以上の各項目と、自分の選んだ医療保険を照らし合わせて、『最低限あるべき条件』に合致しないようであれば、その保険はあなたを幸福にしてはくれない。

絶対に加入してはいけない保険だ。

繰り返しになるが、今一度忠告しておこう。

医療保障を「単独」ではなく、死亡保障保険に「特約」で入っているのは、非常に危険だ。なぜかというと、本体の保険の「主契約」の保険料支払いが終了する60歳とか65歳になると、特約として付加されていた医療保障も、共に保障が消えてしまうからだ。

60歳であれ65歳であれ、医療保障が切れた時点の年齢で、医療保障に再加入しようとすれば、バカ高い保険料となって払い切れるものではない。

それでも財布が厚くて支払い切れればよいが、そうであっても、ほとんどの人が高齢な分、それまでの病歴や健康状態によって、加入できないことが多い。

そういう危険を賢く回避するためにも、医療保険は1日でも若くて健康なうちに「特約」を何もつけない「**単体の医療保険**」として加入するのが、幸福で経済的な一番の近道だ。

なお、医療保険だけは、何歳で加入しても保険料の支払い完了までに支払う合計保険料は、153ページの図10の表のようにほぼ同じなのだから、早く入らなければ損だ。

そして『最低限あるべき条件』に合致しない保険には、絶対に入ってはいけない。

最後にもうひとつだけ、重要なことをつけ加えたい。

一般の人々は、人生一度しかない人の「死」を扱う『死亡保険』が「審査」の点で入りにくく、病気やケガという確定した原因を扱う『医療保険』は、簡単に入れると思っているらしい。

ところがこれは逆で、「死」というごまかしようのない「事実」を扱う死亡保険よりも、門戸は広く、仮病を使うことも、悪徳医師と結託して給付金を請求することも可能な**医療保険の方が、告知の精査など審査が厳しい**のである。

場合によっては、他社に「病歴照会」することや、健康保険の使用状況を調べることもあるので、ごまかしは一発でわかってしまう。

そして仮に「告知義務違反」が判明した時点で、医療保険には入れないか、または入っている保険は無効扱いになり、それまでの保険料は没収されるのだ。

医療保険に加入を検討されている方は、そんなことのないように正しく入ろう。

㊲がん保険

人は、いろいろな原因でいつか必ず死ぬ。

ある人は、幸運にも老衰で静かに幸福な死を迎え、一方、ある人は若くして事故に遭い、不幸な死を迎える。

近年、死因で注目されているのが、「がん」だ。

現在でも約3割の人は、がんが原因で死亡していると伝えられるが、医学の発達により検診でがんを発見する率が高くなったので、余計にがん患者が増える傾向にあり、一説には死亡率が5割（ふたりにひとり）に近づくのではないかといわれている。

そんな中で『がん保険』は、ますます需要が高まると同時に、がんを保障する保険会社側からすれば、加入条件を厳しくするか、給付内容を薄くせざるを得ない傾向だ。

このような流れを見れば、がん保険に関心がある人は、保障内容や保険料・加入審査などの条件が厳しくなる前に、できるだけ早い加入が望ましいと思う。

今までがん保険は、どちらかと言うと保険の中でマイナー的な扱いをされてきたが、最近の現状や近未来を考えると、ある意味では『医療保険』と同等か、それ以上の位置づけが必要な保険だと思う。

がん保険に入る最低条件は、医療保険の項で解説したことと何も変わらない。

特に注意して頂きたいことは、「がん」ばかりを重視して医療保険の加入を疎《おろそ》かにしてはいけないことだ。

がん保険は、がん以外の病気やケガの入院には何の効果もない。

これに対して医療保険は、あらゆる病気やケガでの入院が対象で、もちろん**がんでの入院もOK**だ。

したがって、医療保険の保障を充実させた上で、がん保険の加入を考えるのが正しい。

ところで現在のがん保険は、加入申し込みをして保険契約が発効してから90日間は「待機期間」があり、この間のがん発病は免責され、90日を過ぎて発病した場合に保障される。

一方、これが『三大疾病保障保険』（三大疾病とは、がん、脳卒中、急性心筋梗塞）の場合、がん保険のような待機期間がなく、契約成立後に即、保障が始まることを覚えておいても損はない。

がん保険にも様々な種類があるが、加入するなら「一生涯の保障」でなければ、意味がない。

では、がんになったら、がん保険でどういう保障が得られるのか？

①がん診断給付金

【解説】医者に「あなたはがんです」と診断された時点で受け取れる。

会社によって診断給付金は原則1回しか払われないものと、何回も払われるものがあるので、内容の確認が必要だ。

②がん入院給付金

【解説】がんになって入院した日数によって支払われる。

あくまでも治療目的の入院のみが対象で、検査やリハビリでの入院は支払いの対象外だ。

③がん手術給付金

【解説】何らかの手術を受ければ受け取れる。

ただし、「温熱療法」「放射線照射」「ファイバースコープによる手術」などは、60

日に1回の給付限度がある。

④がん通院給付金

【解説】無事に退院した後の通院で受けられる。

ただし、5日以上の継続入院があったことが条件で、治療目的の通院に限られる。通院対象期間は退院の翌日から1年間以内（会社によって異なる）で、治療を伴わない通院（例えば、検査・投薬を受けるためなど）は支払いの対象とならない。

また、「特定治療通院給付金」というのがあり、これは特定の治療（放射線治療・抗がん剤治療・ホルモン療法など）を受けるための通院が対象で、内服による抗がん剤治療は適用外。通産120日まで。

⑤がん死亡保険

【解説】がんが直接の死因で死亡したときに支払われる。

がんでの闘病生活は、往々にして体力が落ちていき、心不全、呼吸不全、肺炎、多臓器不全など、直接の死因ががんでない場合が多い。その場合「がん死亡保険金」は支払われない場合が多い。
がん保険の保障内容は、以上の5本柱からなっていて、検討するときはそれぞれどのような内容になっているかを確かめたい。

さらに、がんの死亡は60歳以降が多いが、がん保険によっては、がん死亡保険金が60歳以降は半額になったり、あるいは15万円になったりというものもある。まるで気休め的な保障の保険もあるので、注意が必要だ。特に外資系の保険にはこういうタイプが多い。

最後に、**がん保険に入れば「がんにならない」訳ではない。**
自分の体質や生活環境・食生活の好み・喫煙や過度の飲酒・親の死因など、総合的に勘案して、本当にがん保険が必要かを考えよう。

㊳特約について

日本の保険（特に漢字系生保）は、とにかく『特約』が多い。

支払う保険料のうち、保険本体が２０００円で、特約保険料が１８０００円のような特約で肥大した保険は珍しくなく、保険会社は恥ずかし気もなく、特約保険料で稼ぐのに必死だ。

特約とは、保険本体の保障でカバーできない部分を保障するのが目的で、特約によっては便利なものもあるが、加入者（被保険者）の体況やニーズも無視して、何でもかんでも一律にパッケージ化された、今の商品体系（主に漢字系生保の商品）は、感心できない。

例えば、若者に「介護特約」「三大疾病特約」「先進医療保障特約」は、過去の統計から見れば、それほど必要とは思えない。ベタベタと特約が組みこまれている保険は敬遠しよう。

しかし、漢字系の保険屋さん達は、「人間は、いつ何が起こるかわからない可能性があるので、備えがあった方がよい」と口をそろえて言う。

可能性を言えば、すべての特約をつけなくてはならなくなる。まったくナンセンスだ。

保険は、原則として何も特約をつけない「単体保険」の方が、保険料も経済的で管理もしやすく、不払いの対象になりにくい。ただ、求める保障が単体保険にない場合は、特約として付加する必要もあるが、その特約が本当に必要なのか、充分に検討してほしい。

なお、絶対に避けてほしい特約は、『死亡保険』に『医療保障』を特約でつけることだ。

この入り方は、わざわざ医療保険に入らなくて便利に思うのだろうが、「主契約保険」の保険料払い込み終了と同時に、医療保障の効力が終了してしまうからだ。

効力が終わる年齢は、ほとんどが60歳か65歳。その時点で医療保障がなくなってしまうと、以降の医療保障が本当に必要な時期に、不安を抱えて生活しなければならなくなる。恐怖だ。

しかも、その年代で新たに医療保険に入ろうとすれば、年齢が年齢だけに保険料もバカ高く、その上、それまでの病歴や体況によっては、保険に入れない可能性が高い。

どうか死亡保険に医療特約をつけた入り方だけは、止めて頂きたい（主に漢字系の保険。特に『定期保険特約付終身保険』や『アカウント型保険』には注意）。

もし今、自分の保険は特約で医療保障をつけた保険だと言う人は、今すぐ新たな単独の医療保険に入る手続きをして、それが成立したら今までの保険の医療特約を解約しよう。

新しい医療保険にきちんと加入できないうちに、今の保険の医療特約をやめてはいけない。腐ったリンゴでも、時には大事にしなければならないこともある。

第5章

よい保険に入るための条件とは？

㊴ニーズに合った生命保険の選び方

好きな彼女とふたりのドライブに、２シーターのオープンカーで颯爽《さっそう》と風を切って、天気のよい郊外に出かければ、とても気持ちがいいだろう。

しかし、結婚して子供が３人いる家族の場合、いくら格好や性能がよくても、オープンカーでは役に立たない。

家族で使うならワンボックスカーが便利だというように、使用する車も変化する。

生命保険もこれと似ていて、保障は一生涯に亘《わた》って必要なのに「目先が安いから」といって10年満期の『定期保険』を乗り継いでいくのは、最初から『終身保険』に入った人よりも、結果的に多くの保険料を払うことになり、不経済なだけでなく、高くなった保険料を死ぬまで払い続けなければならない。

２３９ページ図25に、目的に合った保険探しの一覧表を掲載した。

この表を参考に、あなたの目的にあった保険は何か？　改めて考えてみてほしい。

そして繰り返しになるが「**保険はいかなる場合も、単体保険で目的を達せられる**」

図 25　目的に合致した保険は？

保険の種類	保障の目的	特徴
終身保険（貯蓄性高い）	妻や子の生活保障対策	・一生涯の死亡保障 ・貯蓄性も高く、年金への移行も可能 ・「基礎保障保険」に最適
	相続対策	・相続させたい額を確実に渡せる ・相続のアンバランスな配分の調整
	相続税対策	・相続税納付資金の準備に最適
	企業（事業）存続維持対策	・運転資金や信用回復つなぎ資金
	役員退職金対策	・役員への退職準備金 ・会社の体力増強に有効
	死亡保障を兼ねた貯蓄	・死亡保障を得ながら貯蓄も可能
養老保険（貯蓄性高い）	子への独立資金援助	・独立開業資金、結婚資金など
	妻や子へ贈与対策	・計画的な贈与が可能
	満期保険金の活用	・将来設計の資金が必要なとき
定期保険（掛け捨て保険）	期間限定の死亡保障	・一生涯の死亡保障には不向き
	子への教育資金（逓減定期保険）	・年々減少しても問題ない場合は有効
	事業の拡張期対策（逓増定期保険）	・死亡保障額増大に最適 ・終身にはしない
生活保障保険（掛け捨て保険）	妻や子の生活保障対策	・生活の安定に寄与
生前給付保険（掛け捨て保険）	三大疾病（がん・脳卒中・急性心筋梗塞）の闘病対策	・三大疾病で所定の状態になれば、給付される ・闘病生活の見舞金として非課税
学資保険	子の教育資金対策	・ほとんどが元本割れなので注意が必要
個人年金保険（貯蓄性高い）	自分の老後の生活保障準備	・豊かな老後生活確保のため、公的年金の不足分を補う
	夫婦の老後の生活保障準備	
医療保険（自分のための保険）	病気・ケガの入院対策	・年をとるほど必要性が高まる ・「基礎保障保険」のひとつ ・10年満期や終身払いは避ける

ポイント　**保険種類の選択を誤らないように**

ポイント　**全て単体保険（他の保険と組み合わせない）での加入が望ましい**

と、しっかり頭の引き出しにしまっておいてほしい。

ところで、保険に対する情報を、雑誌や新聞の記事や保険屋さんから「タダ」で得ても、生命保険の上っ面しか見ていないものが多い。

さらに「生命保険」と検索してホームページを開けば、驚くなかれ6130万件もヒットする。しかし、その全部（そう言っても過言ではない）が、「**自分が扱う保険を売りたいだけ**」の中身であって、正確な情報はホームページから絶対に得られない。それらの情報を信じる人は、未だに「水と安全はタダ」だと思っていることだろう。

とんでもない。

今、日本の保険の大勢を占めているのは『アカウント型保険』であるが、それを勧めに来た営業員に「あなたもその保険に入っているのですか？　入っているなら、その保険証券を見せてほしい」と言ってごらんなさい（コピーは改ざんできるので、証券そのものを）。

『アカウント型保険』が本当によい保険であれば、発売された平成12（2000）年4月以降にすぐ入ったはずだ。筆者が、多くの漢字系生保の営業員に質問してみたが、まず、自分が勧める保険に入っている人はいなかった。

そう考えると、生命保険に入るときは、保険屋さんに任せっきりにしないで、せめて自ら計算機で計算するぐらいの努力はしてほしい。

生命保険ほど、支払い期間が長い商品は他にない。

しかも、支払いが終わった後でも、保障が続くスパンの長い制度だ。


保険は、あなたの「財産」なのだから……。

40 「保険を選び」よりも大切な「保険会社選び」

ほんの15年前ぐらいまで、生命保険は「どの会社のどの保険に入っても同じようなもの」と思われていた。

それは長いこと「**護送船団方式**」（一番船足の遅い船に速度を合わせる、つまり一番配当の薄い会社に配当を合わせること）で進んできたためだ。そして「寄らば大樹の陰」と、人々は「大きな会社」「名前の通った会社」へ関心も注目も契約も集めた。

ところが、外資系の保険会社が黒船のように上陸し、国内生保20社が約40社に膨らむと護送船団は崩れ、１９９７年（平成９年）４月の日産生命破綻を皮切りに、漢字系生保７社が奈落の底に沈み、２００８年（平成20年）10月には、大和生命も破綻した。

今、日本の生保界は、従来からの漢字系と新たに生まれた独立系、さらに外資系と損保会社の子会社系、そして破綻して外資に吸収されたコバンザメ系が入り乱れて、お客を奪い合っているのが現状だ。

しかし、どの会社が信頼できて、どの会社とは仲よくなりたくないかを判断する基準も、生保各社の発表する数字が余りにも巨大過ぎて、消費者の感覚からは理解の外だ。
そこで筆者は、消費者が客観的に判断できるように、

「法律で積立が定められた『責任準備金』を、どれだけ積み立てているか？」

という1点を見据えて比較することを試みた。

責任準備金とは、将来、契約者に返すために積み立てておくことが法律で定められたお金のことで、これがキチンと積み立てられていれば、その会社の経理状態は健全と判断できる。

逆にこれを使いこんでいたのでは、いくら「基礎利益」の数字がよいと見せかけても、そんなものは「ウソ利益」でしかない。庶民をごまかす数字だ。

２４７ページからの一覧は、生保各社が毎年の保険料収入に占める「責任準備金」の積立金額と積立率を表にしたものである。この1点をチェックするだけで、その会社が積み立てるべき責任準備金をどれだけ使いこんでいるか、一目瞭然だ（ただ「責任準備金」といっても、保険の種類・性別・保険期間などによって一律ではない。さらに準備金の積立方式にも、「純保険料式」と「チルメル式」（解説は省略）があって厳密にいえば一律ではないが、ここでは「その年度の保険料収入の約**40％**」を積み立ててあれば、一応は健全経理状態と仮定した）。

表にして驚いたのは、有名な漢字系生保各社のここ数年の積立率が、既に破綻した各社の数

字と変わらず、惨憺《さんたん》たる有り様が浮き彫りになったことだ。

一見安泰に見える巨大会社も、実際は火の車であることが見えてくる。

逆に、独立系や外資系、損保系の各社が、健全経営を目指していることも読み取れる。

数字を見ていると、保険に対する会社の姿勢や理念までもが見えるようだ。

保険選びもとても大切だが、いくらよい保険を選んで加入しても、その会社が健全経営状態でなかったら、部品は立派でも「ドロ船」に乗るようなものだ。

あるいは、「向こう岸までの燃料を積んでいない船」に乗っているのかもしれない。

改めて表の数字をよく読んで頂きたい。あなたが加入している保険会社が信頼できるのか？

あるいは「もう、おつき合いはやめよう」と思う会社なのか？　自身で判断できると思う。

なお、この表は、毎年補足していく予定だ。ぜひとも参考にしてほしい。

さらに、ひとつ書き加えておきたいことがある。

それは、「アリコ・ジャパン」「アメリカン・ファミリー（アフラック）」「クレディスイス」「カーディフ生命」の４社についてだ。

この４社は、「外国の保険会社の単なる日本支社」で営業をしているに過ぎない。

そんなことはないと信じたいが、莫大なお金を使って派手な広告を展開し、お金を集めるだけ集めて（そんな姿勢にも見える）から、ある日「やーめた」と言って日本から撤退したら、どうなるかが心配だ（証券会社にそういう例もあった）。

本当に、日本の消費者のために仕事をして根を下ろすのであれば、日本にキチンと法人登記をして、形を整えてから消費者と相対すべきで、筆者はこの４社を信頼していない。

さらに、サブプライム・ローンの破綻に端を発して、全米４位の巨大証券会社リーマン・ブラザーズも破綻し、その影響で金融界トップの「ＡＩＧ」にも危機の波が押し寄せた。

ＡＩＧの傘下にある日本の「アリコ・ジャパン」、そして「ＡＩＧエジソン生命」「ＡＩＧスター生命」は、「寄らば大樹の陰」で身を寄せたのであろうが、『有名で巨大な会社が、よい会社だとは限らない』を証明する形となった。「♪流れ流れてさすらう旅は〜」の歌文句ではないが、こんな会社の契約者は心が休まらないだろう。保険に入る価値がない。そして本体のＡＩＧは、破綻寸前で米政府の管理下に置かれ、経営が健全化できるのには十数年かかることも予想される。アリコジャパンは、ＡＩＧの集金マシーンとしてますます日本国民の懐を狙うことだろう。漢字系生保でもリーマン・ブラザーズに対する融資債権や社債を巨額に抱えているところもあり、破綻の連鎖反応の影響が心配だ。関係する生保の加入者は、これからも注目する必要がある。

【表の読み方】

POINT①
会社規模の大小は、その会社の経営状態とは関係がない

POINT②
表中の「①収入保険料」は、各保険会社ごとに、順調に収入が伸びているか？　ほとんど横ばいか？　年々低下傾向か？　など業績の盛衰を見ることで、その会社の今後がつかめる

POINT③
表中の「②保険金・給付金・解約金等」は、①と対比して見ること。同年度で①の数字を超えている場合は、おおむね契約解約の件数が多い場合に見られる

POINT④
表中の「③責任準備金組入額」は、法律で積立が義務づけられている責任準備金を、一定金額きちんと積み立てているかどうか？　を表している

POINT⑤
表中の「④①に対する責任準備金の組入率」は、①に対する率が低ければ、契約者に将来支払うべきお金を使いこんでいるためで、会社の経営状態は苦しいと見てよい。既に破綻した会社の組入率と比較してほしい。目安は40％

保険料収入に占める責任準備金組入額・および組入率

㈳生命保険協会発表の各社の決算概況より作成（順不同）

●漢字系

会社名		2001年	2002年	2003年	2004年	2005年	2006年	2007年	7年間平均
日本生命	①	5兆6720億	5兆4207億	5兆1428億	4兆8297億	4兆8428億	4兆8543億	4兆8900億	7.04%
	②	4兆8498億	4兆1724億	4兆1269億	3兆7037億	3兆7848億	3兆4984億	3兆8605億	
	③	828億	897億	725億	1926億	6628億	1兆191億	3922億	
	④	1.45%	1.65%	1.40%	3.98%	13.68%	20.99%	8.02%	
第一生命	①	4兆467億	3兆5621億	3兆4209億	3兆5304億	3兆4003億	3兆2937億	3兆985億	9.40%
	②	3兆1901億	2兆9474億	3兆822億	3兆552億	2兆5825億	2兆2715億	2兆4801億	
	③	1155億	152億	1606億	379億	9174億	8829億	1599億	
	④	2.85%	0.42%	4.69%	1.07%	26.97%	26.80%	5.16%	
住友生命	①	2兆9312億	2兆6988億	2兆6970億	2兆5856億	3兆191億	2兆9344億	2兆5441億	8.19%
	②	2兆4326億	2兆6947億	2兆7626億	2兆753億	2兆1308億	1兆9102億	1兆9824億	
	③	42億	121億	3億	428億	7389億	7907億	18億	
	④	0.14%	0.44%	0.01%	1.65%	24.47%	26.94%	0.70%	
明治安田生命	①	2兆2776億	2兆1847億	3兆2967億	3兆435億	2兆6732億	2兆5702億	2兆6537億	明治安田生命（04年合併）0.20%
	②	1兆8681億	1兆9524億	3兆1637億	2兆4871億	2兆4565億	2兆2314億	2兆3429億	
	③	155億	5億（合併）	70億	98億	3億	33億	12億	
	④	0.68%	0.02%	0.21%	0.32%	0.01%	0.12%	0.04%	
朝日生命	①	1兆848億	7686億	6794億	6258億	6238億	6002億	5554億	0.10%
	②	2兆7393億	1兆3289億	9107億	6678億	6379億	5744億	5582億	
	③	41億	4億	2億	1億	1億	1億	0億	
	④	0.37%	0.05%	0.02%	0.01%	0.01%	0.01%	0.00%	
安田生命	①	1兆3983億	1兆2962億	明治生命と合併 明治の数字と合算					旧・安田（単独2年間）0.34%
	②	1兆2700億	1兆1824億						
	③	38億	54億						
	④	0.27%	0.41%						
三井生命	①	1兆345億	9530億	9204億	8998億	9653億	8134億	8006億	3.71%
	②	1兆8478億	1兆1241億	9770億	7734億	7720億	7291億	9654億	
	③	7億	7億	2億	470億	1662億	226億	0億	
	④	0.06%	0.07%	0.02%	5.22%	17.21%	2.77%	0.00%	
太陽生命	①	1兆190億	8879億	7941億	7881億	8230億	7055億	6357億	0.17%
	②	1兆3381億	1兆1014億	9028億	8712億	8076億	7124億	6639億	
	③	46億	5億	26億	1億	1億	17億	1億	
	④	0.45%	0.05%	0.32%	0.01%	0.01%	0.24%	0.01%	
大同生命	①	1兆594億	9894億	9282億	8848億	8711億	8652億	8433億	0.87%
	②	8565億	7931億	7654億	7164億	7145億	7195億	7347億	
	③	315億	138億	9億	26億	9億	35億	29億	
	④	2.97%	1.39%	0.09%	0.29%	0.10%	0.40%	0.34%	

①収入保険料　②保険金・給付金・解約金等　③責任準備金組入額　④①に対する責任準備金の組入率

会社名		2001年	2002年	2003年	2004年	2005年	2006年	2007年	7年間平均
富国生命	①	7646億	7626億	7409億	7317億	8460億	7219億	7362億	15.87%
	②	6060億	5819億	5493億	4854億	4736億	4972億	5765億	
	③	349億	423億	991億	1112億	3231億	1575億	739億	
	④	4.56%	5.54%	13.37%	15.19%	38.19%	21.81%	10.03%	
大和生命（旧・大正を吸収）	①	307億	442億	480億	398億	345億	336億	356億	08年10月破綻 0.26%
	②	480億	586億	534億	470億	452億	391億	345億	
	③	6億	0億	0億	0億	0億	1億	0億	
	④	1.95%	0.00%	0.00%	0.00%	0.00%	0.29%	0.00%	

●独立系

会社名		2001年	2002年	2003年	2004年	2005年	2006年	2007年	7年間平均
ソニー生命	①	5059億	4915億	5148億	5516億	5805億	6055億	6484億	53.09%
	②	1267億	1658億	1866億	1896億	2280億	2150億	2366億	
	③	2864億	2341億	2691億	2994億	3449億	3496億	2862億	
	④	56.61%	47.62%	52.27%	54.27%	59.41%	57.73%	44.13%	
オリックス生命	①	1421億	1213億	1208億	1300億	1261億	1223億	1210億	6.47%
	②	832億	991億	1174億	1513億	1510億	1122億	1025億	
	③	418億	52億	12億	7億	14億	–	69億	
	④	29.41%	4.28%	0.99%	0.53%	1.11%	0.00%	5.75%	

●外資系

会社名		2001年	2002年	2003年	2004年	2005年	2006年	2007年	7年間平均
アイ・エヌ・ジー生命	①	1287億	4610億	4597億	8359億	8866億	6698億	8315億	56.81%
	②	660億	655億	788億	1027億	1640億	2086億	2297億	
	③	320億	1931億	2318億	4895億	8186億	4212億	2418億	
	④	24.86%	41.88%	50.42%	58.55%	92.33%	62.88%	29.07%	
ハートフォード生命	①	798億	2450億	5163億	1兆2244億	1兆3875億	7917億	8253億	77.57%
	②	6億	27億	393億	546億	1436億	1931億	2025億	
	③	469億	2027億	5744億	1兆655億	1兆4688億	5657億	88億	
	④	58.77%	82.73%	111.2%	87.02%	105.8%	71.45%	1.06%	
アクサフィナンシャル生命（旧・ウインタートウル・スイス 旧・ニコスを吸収）	①	310億	497億	568億	623億	893億	931億	1010億	53.55%
	②	145億	151億	163億	174億	233億	333億	432億	
	③	48億	165億	436億	385億	862億	619億	73億	
	④	15.48%	33.19%	76.76%	61.79%	96.52%	66.48%	7.22%	
ピーシーエー生命（旧・オリコを吸収）	①	248億	301億	228億	203億	196億	320億	463億	28.94%
	②	150億	153億	183億	165億	181億	191億	193億	
	③	79億	122億	1億	2億	0億	141億	222億	
	④	31.85%	40.53%	0.43%	0.98%	0.00%	44.06%	47.94%	

①収入保険料　②保険金・給付金・解約金等　③責任準備金組入額　④①に対する責任準備金の組入率

会社名		2001年	2002年	2003年	2004年	2005年	2006年	2007年	7年間平均
プルデンシャル生命	①	2322億	2599億	2865億	3248億	3979億	4283億	4592億	39.56%
	②	490億	555億	642億	792億	1378億	1374億	1530億	
	③	1223億	1371億	1568億	1547億	1372億	1325億	1046億	
	④	52.67%	52.75%	54.72%	47.62%	34.48%	30.93%	22.77%	

●外国保険会社の日本支社

会社名		2001年	2002年	2003年	2004年	2005年	2006年	2007年	7年間平均
アリコジャパン	①	5073億	5992億	1兆4001億	1兆7815億	1兆4582億	1兆4902億	1兆4657億	53.95%
	②	1717億	1751億	2041億	2242億	3097億	4107億	4793億	
	③	1980億	2567億	6260億	1兆2808億	1兆1915億	9047億	2372億	
	④	39.03%	42.84%	44.71%	71.89%	81.71%	60.70%	16.18%	
アメリカンファミリー(アフラック)	①	7870億	8327億	8924億	9588億	1兆250億	1兆691億	1兆1140億	34.86%
	②	3804億	4116億	4425億	4508億	4731億	3047億	5292億	
	③	2664億	2719億	2922億	3423億	3824億	3697億	4035億	
	④	33.85%	32.65%	32.74%	35.70%	37.30%	34.58%	36.22%	
チューリッヒ生命	①	99億	138億	181億	71億	73億	78億	80億	30.55%
	②	24億	28億	58億	50億	54億	71億	61億	
	③	43億	62億	113億	0億	1億	1億	−	
	④	43.43%	44.92%	62.43%	0.00%	1.36%	0.12%	0.00%	
カーディフ生命	①	6億	14億	28億	44億	78億	132億	236億	28.25%
	②	0.65億	1億	6億	13億	17億	34億	116億	
	③	1億	2億	5億	8億	20億	34億	82億	
	④	16.66%	14.28%	17.85%	18.18%	25.64%	25.75%	34.74%	

●損保系

会社名		2001年	2002年	2003年	2004年	2005年	2006年	2007年	7年間平均
東京海上日動あんしん生命	①	2306億	4033億	3581億	4410億	3775億	4062億	4076億	64.55%
	②	374億	530億	673億	819億	1004億	1270億	1468億	
	③	1608億	3144億	2336億	3207億	2599億	2293億	1753億	
	④	69.73%	77.95%	65.23%	72.72%	68.84%	56.45%	43.00%	
損保ジャパンひまわり生命	①	1733億	1827億	2012億	2278億	2554億	2653億	2532億	37.98%
	②	755億	794億	770億	837億	924億	1049億	1189億	
	③	481億	638億	845億	984億	1146億	1055億	772億	
	④	27.75%	34.92%	41.99%	43.19%	44.87%	39.76%	30.48%	
三井住友海上きらめき生命(旧・みらい)	①	1116億	1508億	1641億	1769億	2073億	2241億	2222億	52.93%
	②	合併248億	424億	530億	516億	645億	820億	958億	
	③	合併675億	875億	835億	968億	1146億	1130億	1025億	
	④	60.48%	58.02%	50.88%	54.72%	55.28%	50.42%	46.12%	

①収入保険料　②保険金・給付金・解約金等　③責任準備金組入額　④①に対する責任準備金の組入率

会社名		2001年	2002年	2003年	2004年	2005年	2006年	2007年	7年間平均
あいおい生命	①	507億	584億	594億	630億	724億	829億	899億	53.59%
	②	145億	169億	174億	193億	221億	236億	290億	
	③	253億	302億	306億	319億	370億	455億	550億	
	④	49.90%	51.71%	51.51%	50.63%	51.10%	54.88%	61.17%	
日本興亜生命	①	446億	540億	652億	710億	767億	797億	834億	54.67%
	②	101億	147億	164億	197億	229億	269億	304億	
	③	242億	276億	382億	420億	435億	409億	431億	
	④	54.26%	51.11%	58.58%	59.15%	56.71%	51.31%	51.67%	
三井住友海上メットライフ生命	①		434億	4246億	4022億	5550億	6933億	6449億	90.80%
	②		0億	61億	219億	519億	634億	890億	
	③		413億	4392億	4130億	6998億	7118億	2042億	
	④		95.16%	103.4%	102.6%	126.0%	102.6%	31.66%	
東京海上日動フィナンシャル生命	①			1000億	503億	4660億	1兆1626億	5188億	83.94%
	②			46億	77億	148億	333億	643億	
	③			697億	392億	5289億	1兆935億	1974億	
	④			69.70%	77.93%	113.4%	94.05%	38.04%	
富士生命	①	229億	266億	285億	309億	337億	356億	379億	52.66%
	②	63億	80億	86億	91億	101億	110億	133億	
	③	118億	136億	149億	169億	189億	190億	187億	
	④	51.52%	51.12%	52.28%	54.69%	56.08%	53.37%	47.10%	
フコクしんらい生命（旧・共栄しんらい）	①	119億	132億	146億	154億	196億	222億	154億	45.41%
	②	38億	52億	49億	48億	53億	66億	70億	
	③	47億	48億	66億	74億	109億	121億	45億	
	④	39.49%	36.36%	45.20%	48.05%	55.61%	54.50%	29.22%	
損保ジャパンDIY生命	①	8億億	15億	20億	25億	29億	33億	33億	4.29%
	②	1億	1億	3億	3億	7億	8億	6億	
	③	1億	2億	1億	0億	2億	1億	0億	
	④	12.50%	13.33%	5.00%	0.00%	6.89%	3.03%	0.00%	

●外資に吸収された会社

会社名		2001年	2002年	2003年	2004年	2005年	2006年	2007年	7年間平均
アクサ生命（アクサGと合併。旧・日本団体）	①	4618億	6186億	3670億	2516億	5554億	6565億	6645億	17.29%
	②	4535億	4289億	4658億	3556億	合併1480億	4205億	4573億	
	③	22億	1644億	1億	13億	合併2393億	1327億	782億	
	④	0.47%	26.57%	54.72%	0.51%	43.08%	20.21%	11.76%	

①収入保険料　②保険金・給付金・解約金等　③責任準備金組入額　④①に対する責任準備金の組入率

会社名		2001 年	2002 年	2003 年	2004 年	2005 年	2006 年	2007 年	7 年間平均
マスミューチュアル生命（旧・平和）	①	562 億	569 億	557 億	903 億	1442 億	2149 億	2273 億	49.52%
	②	700 億	618 億	700 億	538 億	582 億億	596 億	685 億	
	③	1 億	0 億	0 億	367 億	748 億	1527 億	1544 億	
	④	0.17%	0.00%	0.00%	40.64%	51.87%	71.05%	67.92%	

●破綻後、外資等に吸収された会社

会社名		2001 年	2002 年	2003 年	2004 年	2005 年	2006 年	2007 年	7 年間平均
T&Dフィナンシャル生命（旧・東京は01年3月破綻）	①	352 億	1274 億	1561 億	1260 億	2081 億	2407 億	1340 億	29.92%
	②	831 億	881 億	795 億	777 億	845 億	881 億	846 億	
	③	0.24 億	101 億	752 億	484 億	192 億	1545 億	1 億	
	④	0.06%	7.92%	48.17%	38.41%	9.22%	64.18%	0.07%	
ジブラルタ生命（旧・協栄は00年10月破綻）	①	3631 億	3848 億	3684 億	3309 億	4163 億	4279 億	6495 億	10.77%
	②	6908 億	4000 億	3780 億	3464 億	3366 億	2652 億	2802 億	
	③	2 億	2 億	4 億	1 億	14 億	206 億	2941 億	
	④	0.05%	0.05%	0.10%	0.03%	0.33%	4.81%	45.28%	
AIGスター生命（旧・千代田は00年10月破綻）	①	2392 億	2011 億	1897 億	2593 億	3264 億	2897 億	2663 億	9.57%
	②	4603 億	2771 億	2435 億	2125 億	2016 億	1909 億	1942 億	
	③	137 億	2 億	6 億	0 億	935 億	616 億	0 億	
	④	5.72%	0.09%	0.31%	0.00%	28.64%	21.26%	0.00%	
大和生命（旧・大正は00年8月破綻）	①	大和生命に吸収合併	442 億	480 億	398 億	345 億	336 億	356 億	0.04%
	②		586 億	534 億	470 億	452 億	391 億	345 億	
	③		0 億	0 億	0 億	0 億	1 億	0 億	
	④		0.00%	0.00%	0.00%	0.00%	0.29%	0.00%	
マニュライフ生命（旧・第百は00年5月破綻）	①	1411 億	1439 億	1788 億	6543 億	9448 億	5586 億	7941 億	26.77%
	②	4389 億	1797 億	1539 億	1374 億	1469 億	1407 億	1454 億	
	③	0.26 億	0 億	0 億	2143 億	3562 億	1568 億	1872 億	
	④	0.01%	0.00%	0.00%	32.75%	37.70%	28.07%	23.57%	
AIGエジソン生命（旧・東邦は99年6月破綻）	①	GEエジソン生命に吸収合併。04年AIGに変更	2832 億	3837 億	4102 億	3525 億	4221 億	4073 億	16.00%
	②		2636 億	2452 億	1999 億	2312 億	3047 億	2570 億	
	③		0 億	378 億	1660 億	1217 億	351 億	9 億	
	④		0.00%	9.85%	40.46%	34.52%	8.31%	0.22%	
あおば生命（旧・日産は97年4月破綻）	①	345 億	309 億	276 億		05年2月プルデンシャルに吸収合併			旧・あおばは消滅。プルデンシャル生命に
	②	847 億	740 億	734 億					
	③	0.38 億	0 億	0 億					
	④	0.11%	0.00%	0.00%					

①収入保険料　②保険金・給付金・解約金等　③責任準備金組入額　④①に対する責任準備金の組入率

◆㈳生命保険協会「生命保険事業概況」より国際保険総合研究所が作成

おわりに

筆者の事務所には、毎日、読者から相談の手紙や電話が、数多く寄せられる。

それらの中には、

「保険屋さんの言う通りにしてきたら、数百万円の損害を被る結果となってしまった。行政で取り締まる方法は、何かないのか？」という声が多くある。

筆者は何とかしなければという思いにかられ、「この人なら」と思うふたりの国会議員に相談してみた。

結果は「大山鳴動《たいざんめいどう》して鼠一匹《ねずみいっぴき》」までもいかない状態で、残念ながら関心・協力を得られるところまでいかなかった。保険会社自体も大手は「相互会社」が多く、新聞の株式欄や「会社四季報」にすら情報が掲載されず、一般人には内容がつかめず、伏魔殿のようだ。

結局、著書で繰り返し主張してきた通り、

「**生命保険は『自分で研究して』よい方向へ進むしかない問題だ**」という現実を、悲しいかな、痛切に知らされた。

しかし、業界の牽引役《けんいん》である漢字系生保のあまりにもひどい商品体系に、たとえ蟻の一穴であろうと突き崩さねば、消費者は保険料を搾取されていることすらわからない。

たとえば、誕生日を迎える半年前から「新しい年齢で保険料を徴収する」と不合理な搾取を一世紀以上行ってきたように、『定期保険特約付終身保険』『アカウント型保険』で国民の財布をさらに軽くしようと拍車をかけている。

また、不審を正しても「担当者がやめてしまったので……」と非近代的な理屈が通用する信じられない組織なのだ。このまま、放っておいてもよいのだろうか?


そんなことは、**許されるべきではない!**


消費者も、もう、いい加減に目を覚ましてほしい。

自分が入っている保険の内容がどうなっているのか?

電卓を片手に保険証券を読み進めば、きっと「こんな内容とは知らなかった!」という結果が見えてくると思う。

生命保険は「命」に、命の次に大切で貴重な「お金」を掛けるものだ。

その大切なものの中身を知らずに、どうして自分や家族を大切にできるのかを考えてほしい。

そして自分の保険を分析し、もっとよい方向へ導きたければ、本書を参考に進めてはいかがだろうか？　もちろん「俺の保険はこのままでいい」という人には、本書は無用だ。

ただ何年経とうと、保険商品がどのように変化しようとも、生命保険に対する考え方の基本は変わらない。

自分と家族を守ってくれる主役は生命保険ではなく、**あくまでも自分**だ。

生命保険は、ナイフやフォークと同様に、単なる道具に過ぎない。

その道具に幸福を奪われるのなら、それは許せないしナンセンスとしかいいようがない。

もうひとつ大事なのは、人間関係や社会の仕組みに対応できなかったり反発したりして、**心を病む人が激増している**ことだ。

心身症や過労や不眠などで「自分は病気じゃない」と思って軽く考えても、それらの症状によって医師の診察と投薬を受ければ、もう、保険には入れない覚悟が必要だと知っておかなければならない。保険会社は「弱者の味方」ではなく、あくまでも「健常者の味方」だ。

これからの時代、ますます条件をつけられたり謝絶されたりする人が増える傾向は避けられないので、保険加入を考えるなら、**健康なうちに一日でも早い加入が賢明**だ。

弱者はハンデ（条件）をつけられても、謝絶（保険加入お断り）されるよりは、加入できるだけ幸せと考えたい。

さらに声を大きくして警告したいことは、最近テレビなどで「ご契約の確認に、ご契約者お一人おひとりをご訪問させて頂いております」と宣伝しているが、契約の確認だけならこれだけコンピュータの発達している現代、画面上で確認など一目瞭然のはずだ。それをテレビで後押ししてわざわざ営業員を訪問させるのは、予定利率の高い契約を低い契約に「転換」させるか、あるいは会社が一番儲かる『定期保険特約付終身保険』または『アカウント型保険』に転換させるのが最大の目的だ。それはちょうど、童話の赤ずきんちゃんに猫なで声で迫る狼にそっくりだ。だまされてはいけない。

どうか幸福な家庭を築くためにも、本書を役立てて頂きたい。

それは筆者としては、望外の喜びでもある。

国際保険総合研究所
所長　三田村　京

【著者紹介】

三田村　京（みたむら・きょう）

東京生まれ。長年勤務した大手生命保険会社を退職後、国際保険総合研究所を開設。

徹底した消費者の目線で、生命保険の在り方を研究。正しい生命保険の考え方についての講演、指導、相談をはじめ、テレビ出演や新聞・雑誌執筆など、多方面で活躍。「抱き合わせ保険」「更新型」「転換」の問題点などを最初に指摘、後悔のない生命保険の入り方・やめ方のアドバイスを大胆かつ詳細に展開しており、一般消費者からの保険相談も受けている。

著書に『あなたの生命保険　損か得か教えます！』『総改訂　失敗しない生命保険の入り方・やめ方』『こんな生命保険は今すぐやめなさい！』（以上、中経出版）、『知らないと大損　生保選び100の法則』（草思社）、『これで安心　あなたの生保』（日本評論社）、『生命保険で得する人、損する人』（幻冬舎）がある。

【本書のお問合せ先】
〒151-0051　東京都世田谷区上馬５-３-６
スカイランド１Ｆ
国際保険総合研究所
生命保険相談室・分室
電話番号　03-3470-0852

国際保険　三田村　検索

今、見直さないと生命保険は「紙クズ」になる！

2008年11月25日　初版発行

著　者　三田村　京
発行者　仁部　亨
発行所　総合法令出版株式会社
〒107－0052　東京都港区赤坂1-9-15 日本自転車会館2号館7階
電話　03-3584-9821（代）
振替　00140-0-69059

印刷・製本　中央精版印刷株式会社

落丁・乱丁本はお取替えいたします。

ISBN 978-4-86280-114-2

総合法令出版ホームページ　http://www.horei.com